KB274732

나를 찾는
붓다 기행

나를 찾는

붓다 기행

정 찬 주

민음사

내 안의 나를 찾아서

작가의 말

단풍나무 밑에 심은 작약꽃대가 부러져 있다. 꽃망울을 달고 있는 꽃대라 더욱 아쉽다. 절에서 뿌리를 얻어와 심은 뒤 날마다 애정을 주었던 터라 안타까움이 더하다. 그러나 곧 다른 작약 꽃망울들에게 눈길을 주기로 하고 안타까운 마음을 접는다.

이슬비가 내려 더 이상 마당가에서 머뭇거리지 못하고 방으로 돌아와 이 글을 쓴다. 바람이 부니 단풍나무 잔가지들이 비천(飛天)의 옷자락처럼 펄럭인다. 창에 비친 이런 풍경에 더하여 뎅그렁거리는 풍경 소리를 듣는 것만으로도 아침 시간의 축복이다.

나는 인도의 붓다 유적지를 10년 터울로 두 번 다녀왔다. 무슨 큰 목적을 갖고 떠났던 것은 아니다. 저수지에 물이 고이면 저절로 흘러넘치듯 미룰 수 없는 인연으로 바람처럼 구름처럼 떠나곤 했다.

그곳의 과거 유적지를 보러 간 게 아니라 2천5백여 년 전 붓다가 흘린 그림자를 만나러 갔다.

살다 보면 누구라도 문득 자신의 삶이 이게 아닌데 하는 의문이 목에 찰 때가 있다. 바로 그런 때 나는 부대끼는 삶에서 한 발 빼어 인도로 흔적 없이 사라지곤 했다. 기원정사나 룸비니 동산의 보리수 그늘에서, 혹은 영축산 정상에서 붓다의 말씀 한 구절을 떠올리기만 해도 가슴이 뭉클했다. 붓다가 홀연히 나타나 두런두런 얘기해 주는 것처럼 생생하게 다가왔다.

유적지를 돌면서 나는 붓다가 관념에 사로잡힌 철학자나 사상가가 아니라는 것을 절감했다. 그분은 삶의 고통을 치유하기 위해 현실 문제를 누구보다 깊이 직시한 의사이자 신분의 귀천을 떠나 모두에게 행복한 길을 안내한 너무나 친절한 스승일 따름이었다.

가난한 마음, 주는 기쁨, 진리에의 믿음, 따뜻한 손길, 구도의 열정, 고통을 치유하는 자비 등이 붓다의 마음이었고, 나는 그것을 내 눈으로 확인할 수 있었다. 뒤집어 얘기하자면 붓다는 나의 맑은 거울이 되어 〈어떻게 사는 것이 바른 길인가〉를 깨우쳐 주었다.

나는 순례하는 동안 차츰 변화되었다. 내면이 맑아지고 깊어지는 느낌이었다. 순례가 끝나갈 무렵에는 내 안에도 붓다가 있음을 깨달았다. 현재 드러난 내 모습은 어리석고 성내고 욕망에 휘둘리는 〈밖의 나〉일 뿐이었다. 분명 내 마음에도 붓다의 씨앗이 이미 뿌려져 있는 〈안의 나〉가 있음을 이해했다.

책의 제목을 『나를 찾는 붓다 기행』으로 정한 이유도 그런 체험을 반영하고 싶어서이다. 책의 본문 중간 중간에 사진과 함께 실은 구절들은 붓다의 말씀 중에 인상 깊었던 것들을 뽑아놓은 것이니 명상의 주제가 되었으면 좋겠다. 대부분의 기행문들이 목적지로 달리기하듯 치닫고 있는 게 아쉬웠던 차에 독자에게는 비록 간접체험이겠지만 순례의 길을 명상하면서 쉬엄쉬엄 가는 게 어떨까 싶어 그리했다.

네팔과 인도를 거쳐 스리랑카까지 불교 사원을 순례하던 중 스치고 지나갔던 사람들의 친절과 호의, 궁기와 거짓마저도 나는 결코 잊지 못할 것 같다. 끝으로 정성을 다해 편집해 준 민음사 편집부 여러분과 이 기행문을 써가도록 음덕을 베푼 소설가 강동수 형에게 감사의 말을 꼭 전하고 싶다.

아직도 이슬비가 내리고 있다. 이 글을 쓰는 동안 뒤뜰에 다람쥐 두 마리가 다녀갔고, 산비둘기가 앵두나무 새잎을 건들더니 사라진다. 이슬비를 견디던 붉은 동백꽃잎 하나가 마침내 바람에 떨어지기도 하고. 굳이 이런 정경을 써두는 까닭은 이들이 이 시간에 나와 함께했던 것들이기 때문이다.

2002년 5월 이불재에서

정찬주

차 례

작가의 말 • 5

제1부 네팔, 붓다의 고향 나라

진리의 궁둥이에 이 몸을 기대나이다 • 13

너는 누구인가, 이국의 첫 화두 • 21

장엄한 만다라 돌며 깨친 〈침묵의 법문〉• 30

히말라야, 지혜와 자비의 산이여 • 41

행복한 기운이 가득한 동산 • 53

자비를 싹 틔운 드넓은 대지 • 64

제2부 그대 안의 붓다

아들, 아내, 동생 잇따라 귀의 • 79

붓다여, 정사 지어 보시하렵니다 • 88

참회하며 상처 치유하는 삶의 현장 • 99

원망도 증오도 없으니 용서할 것도 없네 • 109

내가 말한 진리와 계율이 너희들 스승 • 120

쇠락해 버린 2천5백 년 전 최고 문명 도시 • 130

제3부 진리를 보는 자리

불세출의 고승 키워낸 불교 요람 • 143

교단 뿌리 내린 정사, 경과 율을 집대성한 굴 • 156

『법화경』 등 수많은 경전을 설한 성지 중의 성지 • 171

싯다르타, 거룩한 붓다로 태어나다 • 183

업장 씻는 강물, 진리를 보는 자리 • 196

네팔,
붓다의 고향 나라

진리의 궁둥이에 이 몸을 기대나이다

카트만두는 붓다의 고향 나라인 네팔의 고도(古都)이자, 순례자들로 북적거리는 해발 1천2백여 미터에 위치한 인구 1백만의 성지이다. 나그네는 여전히 스얌부나트 언덕에서 햇살이 넘실대는 카트만두 시가지를 내려다보고 있다. 사계절이 온화하여 온갖 꽃이 끊이지 않고 피는 곳, 나그네도 스얌부나트로 오면서 거리에 가로수로 심어진 살구나무 가지에서 분홍 빛깔의 만발한 살구꽃을 보았다.

활짝 핀 꽃을 보면 누구라도 가슴이 열리고 절로 콧노래가 흥얼거려지는 법이다. 나그네도 어린 시절에 봄만 되면 자주 부르던 노래가 떠올라 〈나의 살던 고향은 꽃 피는 산골, 복숭아꽃 살구꽃 아기 진달래, 울긋불긋 꽃대궐 차린 동네, 그 속에서 놀던 때가 그립습니다〉 하고 옆사람에게 들리지 않을 만큼 흥얼거렸다.

붓다의 고향, 네팔의 고도 카트만두

신화에 따르면 일찍이 카트만두 분지는 깊은 호수였다. 호수가 사람 사는 터전으로 바뀐 사연은 과거칠불(過去七佛) 중 세번째인 비사부불(毘舍浮佛)의 예언으로부터 시작된다. 비사부불이 스얌부 언덕을 순례하고자 찾아오던 중 한 산정에서 선정에 잠긴 후 〈한 보살이 티베트로부터 와서 호수의 물을 마르게 하여 계곡에 사람들이 살 수 있도록 만들 것이다〉라고 예언한즉, 때마침 티베트에서 선정 삼매중이던 문수보살이 눈부시게 빛나는 스얌부 언덕을 내려다보고 비사부불의 예언을 듣게 된다.

이후 문수보살은 네팔로 내려와 스얌부 언덕을 찾아 순례하고 호수의 물을 없앤다면 사람들이 스얌부 언덕을 쉽게 참배할 수 있을 것이라고 생각했다. 곧 문수보살은 그의 칼로써 호수를 둘러싸고 있는 산들 중에서 가장 낮은 곳을 베어버린다. 그리하여 카트만두 계곡은 사람이 사는 비옥한 땅으로 바뀌었다는 이야기이다.

모든 길이 로마로 통하듯 네팔에서는 모든 길이 카트만두로 통한다. 실제로 네팔 사람들은 카트만두로 가는 것을 네팔로 간다고 말한다. 그만큼 카트만두는 네팔 사람들에게 수도 이상의 의미를 지니고 있다. 순례자들 중에서도 불교 신자들에게는 카트만두에 스얌부나트 스투파(탑)가 솟아 있으므로 더욱 각별하다.

붓다가 고행하기 위해 카트만두의 설산을 찾은 것 말고도 정각(正覺)을 이룬 후 붓다는 또다시 기원정사에서 제자들을 데리고 카트만두 계곡을 찾아와 문수 동산에 머물면서 스얌부 언덕으로 자주 발길을 옮겼다는 신화가 『스얌부 뿌라나』에 기록되어 있다.

나그네는 잠시 신화와 역사가 뒤섞이는 판타지 서사(敍事)에 빠진다. 붓다는 자신이 고행한 카트만두 부근의 설산을 꿈에도 잊지 못했으리라. 더구나 붓다께서 가르침을 편 나라들이 지열이 이글거리는 열대의 땅이고 보면 서늘한 설산 부근은 청량(淸凉)의 극락이 아니고 무엇이겠는가. 그래서 붓다는 기원정사에서 아난과 사리불과 그 밖의 많은 제자들을 데리고 스얌부 언덕을 찾아와 예경을 올리게 된다.

원숭이들이 불상 주위에 흩뿌려진 쌀을 주워먹고 있다. 혀로 핥아먹는 것이 아니라 손으로 낟알을 빠른 속도로 주워먹는 것이 여느 짐승과 다르다. 사람을 제외한다면 손을 이용할 수 있는 짐승은 세상에 그리 많지 않다. 손을 사용하되 사람과 원숭이가 다른 점은 사람은 종교와 문화 행위를 하고 원숭이에게는 그런 행위가 없다는 점이리라.

지금 힌두 수행자들이 재물에 붉고 노란 안료를 뿌리고 향료에 불을 붙여 연기를 피워 올리고, 잔에 기름을 부어 심지에 불을 붙이고 하는 것 등이 다 손에 의해서 이루어지고 있지 않은가. 그런가 하면 불교 신자도 마찬가지다. 붉은 승복의 티베트 승려들이나 오렌지색 승복의 인도나 네팔 승려들이 합장하고 마니차를 돌리는 것도 다 손에 의한 종교 행위인 것이다.

우리가 잘 알듯 중생을 향한 붓다의 서원(誓願)도 갖가지 손 모양

〔手印〕을 통해서 전달되는바, 평소 자신의 손이 어디에 놓여 있는지 가만히 생각해 볼 일이다. 떳떳치 못한 부정한 곳에 놓여 있거나, 원망의 도구로 사용되고 있다면 차라리 남에게 피해를 주지 않는 원숭이처럼 먹거리나 간식 같은 주전부리를 만지작거리는 것이 나을 테니까 말이다. 붓다가 제자들에게 강조한 말씀 중 〈남에게 베풀라〉라는 것은 〈남에게 따듯한 손〉이 되라는 의미에 다름 아닐 터이다. 그것과 관련하여 『아함경』에는 아난과 처녀 파카티의 아름다운 일화가 나온다.

붓다의 제자 아난이 마을 언저리에 있는 우물을 지나가고 있었다. 그때 하층 계급의 젊은 여인 파카티는 물을 긷고 있었다. 아난은 그녀에게 물 한 모금을 청했다. 그러자 파카티가 말했다.

「저는 하층 계급 출신인지라 당신께 물을 드릴 수 없습니다. 천한 신분으로 신성한 당신의 모습을 더럽힐 수 없으니 저에게 물을 달라고 하지 마십시오」

아난이 대답했다.

「나는 계급 제도 따위에는 관심이 없습니다. 내가 찾는 것은 단지 물입니다」

파카티의 가슴은 기쁨으로 출렁거렸다. 그녀는 아난에게 물을 주었고, 그가 자리를 뜨자 조금 뒤떨어진 거리에서 그를 따라갔다. 파카티는 아난이 붓다의 제자임을 알고 붓다에게 가서 말했다.

「제발 저를 받아들여 주시어 당신의 제자인 아난이 사는 곳에서 살게 하여 주세요. 그러면 저는 아난을 볼 수 있고, 그가 필요로 하는 것을 줄 수 있을 거예요. 저는 아난을 사랑하고 있습니다」

붓다는 그녀의 마음을 이해하고 부드럽게 말했다.

「파카티여, 너의 감정은 사랑으로 충만해 있구나. 그러나 너는 네 감정을 이해하지 못하고 있다. 네가 사랑하는 것은 아난이 아니라 그의 친절이란다. 아난이 베푼 친절만큼 너도 남에게 베풀어라. 너는 낮은 계급으로 태어났으나 그리하면 높은 신분의 사람들에게 모범이 되리라. 베풀기를 계속하라. 때가 이르렀을 때 너는 왕이나 여왕의 영광보다 훨씬 더 빛나게 될 것이다」

친절을 자비로 해석해도 좋다. 낮은 계급으로 태어났지만 베푸는 삶을 계속한다면 여왕의 영광보다 빛나게 된다는 것이 붓다의 사상이다. 붓다는 타고난 신분의 귀천을 부정했다. 그것보다는 현재의 선한 행위를 더 중요하게 여겼던 것이다.

중절모를 쓰고 흰 옷을 입은 중년 순례자가 있기에 어디에서 왔냐고 물으니 대답하지 않고 웃기만 한다. 언어 소통이 안 되는 모양인데, 티베트에서 온 불교 신자 같다. 체격과 얼굴을 참고하여 볼 때 엉덩이에 푸른 자국의 몽골 반점이 찍힌 우리와 계통이 같은 몽골리

하얀 반구형은 우주 창조와 생명의 탄생을 상징한다.

안처럼 보였기 때문이다.

성지 순례를 온 한국의 스님들이 사원 안으로 들어가 본초불Adi-Buddha을 참배하는 동안 나그네는 그늘에 앉아 스얌부 스투파를 다시 올려다본다. 좀 전에는 하얀 반구형 위에 그려진 붓다의 두 눈이 강렬했는데, 이제는 궁둥이 같은 반구형의 모습에 시선이 자주 멎는다. 궁둥이는 크면 클수록 편하게 보인다. 이 스얌부 스투파 반구형은 너무 커서 조그만 언덕 같다. 실제로 한쪽 면에는 비둘기들이 까맣게 내려앉아, 미물인 새들에게는 둥그런 광장이 되고 있다.

궁둥이는 과일로 치자면 씨앗을 감싸고 있는 과육(果肉) 같은 부분이다. 그렇다면 저 스투파의 반구형도 생명을 잉태하는 자궁을 감싸고 있는 상징이 아닐까. 나그네의 추리는 엇비슷하게 맞아떨어진다. 알아보니 반구형 기단을 가르바Garbha라고 부르는데, 그 말은 중심 혹은 자궁이란 뜻이며 우주 창조를 상징한다고 한다.

스투파 상단에서부터 땅바닥까지 쳐진 줄에 원색의 깃발들이 펄럭인다. 숨쉬는 생명들의 소망이 실린 깃발들이라고 하는데, 깃발의 간절함만큼 살아 있는 존재들의 기도가 바람결에 실려 창공의 신에게 배달되는 듯하다. 나그네도 합장하여 기도를 올린다.

「진리의 궁둥이에 이 몸을 편히 기대나이다. 따듯한 손을 가진 자로 거듭 태어나고 싶어 하얀 자궁에 귀의하나이다」

너는 누구인가, 이국의 첫 화두

자리에서 일어나 커튼을 젖히니 빛이 쏟아져 들어온다. 남향의 창인 듯 도시의 왼쪽에서 오른쪽으로 햇살이 창궐하고 있다. 멀리 산 능선들이 카트만두 시가지를 에워싸고 있다. 도시의 건물과 숲들은 푸른 잉크 빛깔인 새벽의 가운을 막 벗으려 하고 있다.

나그네가 창밖을 응시하듯 시선이 메아리가 되어 누군가도 나그네를 바라보고 있는 듯하다. 그가 묻는다.

〈너는 어디서 온 누구인가?〉

자신의 깊숙한 내면에서 울려오는 목소리 같다. 그렇다. 나그네는 지금 난생 처음으로 네팔의 수도 카트만두에 온 지 이틀째이다. 우연이 아니라 몇 번의 인연이 겹치어 여기 이렇게 와 서성이고 있다.

붓다가 고행한 설산(雪山)이 카트만두 부근에 있다고 했지. 그러나 나그네의 눈에는 어제도 오늘도 설산이 보이지 않는다. 산의 능선들이 울타리처럼 도시를 감싸고 있을 뿐이다. 그래, 붓다의 그림자를 찾는다 하여 서두르지 말자. 그렇다고 게으름을 피우지도 말자. 그게 수행자를 다독거리던 붓다의 충고가 아니던가.

어제 보았던 스얌부나트 스투파를 또다시 보러 가자. 신화 속에서 붓다가 제자들을 데리고 참배했다는 스얌부나트에 가보자. 나그네도 붓다처럼 살자고 다짐했던 불제자가 아닌가.

돌이켜보니 나그네가 붓다의 고향인 네팔에 이른 것은 결코 우연이 아니다. 위성이 무중력의 우주를 여행하기 위해서는 로켓이 몇 번 분리되어 추진력을 얻는 것처럼 지금의 〈붓다 기행〉도 몇 번의 인연이 나그네를 움직이게 하였음을 실감하지 않을 수 없다.

〈붓다 기행〉의 첫 인연은 3년 전, 계룡산 동학사에서 한 비구니 스님에게 들은 자전적 고백 한 토막에서 비롯되었다. 그 스님에게 들은 얘기는 범종의 여운처럼 아직도 나그네의 가슴을 울리고 있다.

그 비구니 스님이 강원을 졸업하고 계룡산 용화사에 머물던 26세 때의 일이었다. 대학에서 한의학을 공부한 부산의 한 청년이 집에서 반대하는 처녀를 데리고 와서 결혼 주례를 서달라고 부탁을 해왔다. 당시 계룡산 용화사에는 어른 스님이 출타하고 없었다.

청년은 젊은 비구니 스님에게 주례를 서달라고 매달렸다. 할 수 없이 젊은 비구니 스님은 불단에 찬물 한 그릇을 올려놓고 간절하게 기도하듯 말했다.

「이렇게 빈손으로 결혼식을 올리듯이 늘 빈손으로 돌아갈 수 있도록 부처님께 기도하며 사십시오」

젊은 비구니 스님은 사랑하는 두 사람에게 염주를 하나씩 선물했다. 이후 20년이 흐른 뒤, 비구니 스님은 도반들과 함께 인도 성지를 순례하게 되었다. 붓다가 정각을 이룬 보드가야에 들렀을 때였다. 스님이 대탑 뜰에서 기도하고 있는데, 수염을 기른 한 수행자가 찾아와서 「저를 기억하십니까?」 하고 말했다.

바로 20년 전에 주례를 서준 그 부산 청년이었다. 그는 스님에게 음성 공양을 올리겠다고 제의하였다. 비구니 스님이 합장하며 허락하자, 수행자는 인도의 고대 문어인 산스크리트어로 『반야심경』을 독송하였다.

『반야심경』의 구절구절은 비구니 스님에게 〈마음의 노래〉로 들렸다. 그 동안 마음에 끼였던 업장(業障)이 한순간에 녹아 사라지는 느낌이었다. 그때 부인은 어찌하고? 그런 단상도 주마등처럼 흘렀지만 물을 수는 없었다. 이제 그는 인도에서 만행하는 수행자가 되어 있었던 것이다.

「보드가야 참배객들이 그에게 보시한 돈을 제게 주더군요. 그래서 저는 그 돈을 다시 대탑의 불단에 보시하고 왔지요. 그가 부른

〈마음의 노래〉야말로 내게는 최고의 선물이었으니까요」

두번째는 재작년 겨울 어느 서점에서 인도 성자에 관한 책들을 뒤적거리다가 구레나룻이 인상적인 그 수행자를 다시 본 것이다. 몇 페이지를 넘기다 말고 〈부산 출생, 대학에서 한의학 전공〉이란 저자 약력을 본 순간 〈아, 그 사람이구나!〉 하고 직감이 왔다. 그러면서 나그네에게는 붓다를 찾아 인도에 간다면 언제든지 그를 만날 수 있겠구나 하는 마음이 생겼다. 세번째는 나그네가 지난 늦가을에 붓다의 말씀들을 엮어 책 한 권을 발간하였는데, 그 내용이 바로 나그네로 하여금 붓다를 더욱 사무치게 하여 결국 배낭을 꾸리게 하였던 것이다.

어느새 거리에는 햇살이 흘러 넘치고 있다. 뿐만 아니라 자동차와 사람들이 일시에 몰려들어 매캐한 매연과 먼지가 허공에 가득하다. 각국에서 온 순례자들은 릭샤와 오토릭샤를 타고 불교 사원이나 힌두 사원으로 바삐 달려가고 있다. 자동차들의 경적 소리가 시끄럽지만 귀를 놓아버리니 견딜 만하다.

스얌부나트.

어제는 낯설었는데 친숙한 느낌이다. 사람들은 발음하기 좋게 심부나트 혹은 섬부나트라고 부른다. 그것보다 나그네에겐 〈원숭이 사원〉이라고 부르는 것이 더 정겹다. 오가는 관광객이나 순례자들과는

스얌부나트는 〈원숭이 사원〉으로 불린다.

달리 승적(僧籍)은 없지만 원숭이들이 사원의 터줏대감처럼 살고 있기 때문이다. 불경을 보더라도 원숭이만큼 붓다에게 정성을 보인 짐승도 없다. 인도 바이샬리에서는 붓다를 위해 연못을 파주기도 하였고, 달콤한 망고를 따서 시주하기도 하였던 것이다. 그런 공덕이 있어 2천 년이 지난 오늘에도 신도들이 흘린 재물을 먹이 삼아 사원의 숲을 차지하고 있는지 모른다.

스얌부의 의미는 〈스스로 존재하다〉라는 뜻이다. 나트와 결합하면 〈스스로 존재하는 사원〉이란 말이 된다. 사원 설화에도 2천 년 전 절이 지어지기 전에도 연꽃이 피어 있던 신성한 언덕이었다고 전하는 것으로 보아 네팔 불교에서는 붓다의 빛이 이곳으로부터 퍼져 나갔다는 시원(始原)을 강조하는 말이 아닌가 싶다.

나그네는 원숭이들과 장난을 치며 스투파(탑)로 곧장 가본다. 절에 갔을 때 법당을 먼저 찾는 우리와 달리 붓다의 고향 사람들은 간절하게 스투파를 참배하곤 하는데, 시대적으로 불상보다 스투파가 훨씬 앞서 조성된 것이 사실이고 보면 스투파 참배가 더 원초적인 종교 행위가 아닌가 싶기도 하다.

지금 분유통 모양의 마니차를 돌리며 지나가는 티베트에서 온 저 붉은 승복을 입은 승려들도 며칠 전부터 이곳에 머무르면서 탑돌이를 하고 있는 모양이다. 저 티베트 승려들의 중심에는 우리 귀에 익은 달라이라마가 있다. 친절한 그분의 말씀 중에 나그네에게 잊혀지

마니차를 돌리는 티베트 수행자들

지 않는 구절이 하나 있다.

「소승은 남에게 피해를 주지 않는 자이고, 대승은 남을 돕는 자이다」

현대에 와서 붓다의 사상을 이만큼 쉽게 설한 고승이 있던가. 승속을 불문하고 자신이 남에게 부담을 주는 존재인지, 남을 돕고 사는 존재인지 스스로 가슴에 손을 얹고 반성하고 참회할 일이다. 물론 나그네는 대승은커녕 소승도 못 되는 범부 중생일 뿐이다.

스얌부나트 스투파는 불교 신자뿐만 아니라 힌두 신자들에게도 성보(聖寶)로 여겨지는 모양이다. 바닥에 쭈그리고 앉은 사두(힌두 수행자)에게 안내를 받아 기도를 올린 후, 작은 잔에 기름을 붓고 심지에 불을 켜는 힌두 신자들이 눈에 띈다. 왜 불을 켜냐고 묻자, 여신도가 짧게 대답하면서 모든 잔의 심지에 하나씩 불을 붙여나가고 있다.

「왜 모든 잔에 불을 켜고 있습니까」

「신께 소원을 빌었는데 소원이 성취되었습니다. 그래서 신께 감사드리고 있습니다」

나그네는 스투파의 형상 중에서 반구형 위에 놓인 사면에 각각 그려진 두 개의 부릅뜬 눈을 보고서 탑돌이를 멈춘다. 어제도 보았지만 탑의 형상이 인간의 얼굴을 하고 있다. 코는 사유하는 현자의 예지처럼 물음표 꼴로 추상화시켜 놓았다. 이곳이 시내에서 90미터 높이의 언덕이고 보면 저 붓다의 부릅뜬 눈은 세상을 내려다보고 있는 모습이 아닐 수 없다.

그렇다. 붓다는 눈을 부릅뜨고 있다. 그렇게 중생을 내려다보고 있다. 눈을 부릅뜬 것은 차가운 머리의 상구보리이고, 중생을 향한 시선은 따뜻한 가슴의 하화중생이 아닐 수 없다. 그래서 붓다를 일컬어 가장 지혜롭고 자비로운 분이라고 하는 것이다.

그런데 여기 붓다의 얼굴에는 귀가 없다. 입도 없다. 왜 없는 것일까. 만상의 이치를 통달한 분에게 귀와 입이 없다니 이상하지 않은가.

나그네가 찾는, 『반야심경』을 산스크리트어로 읊조리던 그 구레나룻의 수행자도 없다. 동학사 비구니 스님의 업장을 녹여주었던 그는 어디에 있는가.

장엄한 만다라 돌며 깨친 〈침묵의 법문〉

네팔에 있는 스투파 중에서 가장 큰 것이 보드나트 스투파이다. 실제로 나그네가 확인해 보니 스얌부나트 스투파보다도 훨씬 더 크고 웅장하다. 보드나트 탑이 헤비급이라면 스얌부나트 탑은 밴텀급 정도밖에 안 된다.

보드나트 스투파의 높이가 무려 40여 미터에 이르고, 그것을 지탱하는 궁둥이처럼 생긴 반원형도 경주에 있는 왕릉만하다. 그러나 나그네가 보드나트 스투파를 찾은 것은 그것의 명성이기도 한 〈최대의 크기〉를 확인하기 위해서가 아니다. 나그네가 속지 않는 낱말이 있다면 〈최대〉 혹은 〈최고〉라는 말이다. 명성에 현혹되어 가보면 대부분 그런 유물의 이면에는 인간이 저지른 어리석음과 탐욕이 얼룩져 있었기 때문이다.

두 눈을 부릅뜬 보드나트 스투파

보드나트 스투파를 찾은 이유 중 하나는 붓다의 가르침을 배우고 실천하는 수행자들을 만나기 위해서이다. 이곳에는 멀리 동남아시아나 인도 혹은 티베트에서 온 수행자들이 몇 년이고 탑 주위에 앉아 신도나 순례자들에게 탁발을 하면서 그들만의 방식으로 정진하고 있다는 얘기를 들었음이다.

나그네가 만나고 싶은 한국에서 온 구레나룻의 수행자도 이곳을 수십 번 들렀다고 전해진다. 그의 스승이 이 스투파 한켠에서 평생을 차 그릇과 요령, 금강저, 작은북 하나만을 지닌 채 무소유로 살고 있다는 얘기도 들었고.

거지와 다름없는 그 정도의 무소유라면 청빈이라는 말은 고상한 낱말이 돼버리고, 가난이라는 말도 번지수가 틀린 것일 수밖에 없다. 거지는 청빈이나 가난이란 말을 초월해서 살기 때문이다. 그러나 그는 진리를 깨달은 수행자이기에 행복한 각자(覺者)임이 틀림없다. 수행자들로부터 존경받는 행복한 거지인 것이다.

스투파의 반원 위 사각면에 그려진 붓다의 두 눈이 나그네를 뚫어지게 쏘아보고 있다. 가슴을 서늘하게 하는 눈초리이다. 불벼락이라도 내릴 듯한 눈매이다. 몸을 전율케 하는 눈길이다. 갑자기 오줌이 마렵다.

순례자들은 스투파에 도착하자마자 오른쪽 방향으로 탑돌이를 한다. 왼쪽으로 도는 것은 신성을 모독하는 행위이기 때문이다. 신성

모독인지 어쩐지는 잘 모르겠으나 사진을 찍느라고 왼쪽을 향해 돌아보니 어딘지 어색하고 부자연스럽다. 역시 우주의 질서나 순리라는 것의 본질은 자연스러움이라 아니할 수 없다.

한 티베트 승려에게 물어본즉 스투파는 만다라의 형상이란다. 팔면체의 기단은 땅을, 그 위의 반구형은 물을, 그 위의 삼각형은 불을, 그 위의 원반형은 바람을, 맨 위의 첨탑은 공(空), 즉 하늘을 상징하고 있다는 것이다. 또한 반구형 위의 불꽃 모양의 삼각형은 깨달음을 얻기 위한 13단계를 형상화시켜 놓은 것이라고 하는데, 대승불교 말기에 싹을 틔운 밀교의 영향을 그대로 반영하고 있음을 알 수 있다.

스투파 한편에 앉아 있는 수행자는 딱 한 사람뿐이다. 그가 구레나룻의 스승 같지는 않다. 붉은 승복을 입은 것을 보면 티베트 승려인데, 우선 나이가 젊어 보이고 떨어진 옷을 펼쳐놓고 바느질하는 폼이 붙박이 수행자라기보다는 떠돌이 승려 같은 인상을 준다. 벗어놓은 나이키 상표의 신발이 그런 심증을 더 짙게 한다. 이곳의 붙박이 수행자들은 하나같이 맨발인 것이다.

이미 구레나룻의 스승은 이 세상의 시간과 작별했는지 모른다. 공중 변소를 찾지 못하고 다방으로 들어가 주스를 마신 다음 소변을 해결하고 탑을 돌아보지만 보이지 않는다. 그러나 그를 만나야만 만나는 것은 아니다. 그는 이미 나그네 마음속에 둥지를 틀고 있음이다.

구레나룻의 수행자는 어느 책에 다음과 같은 이야기를 전하고 있다. 그의 스승은 순례자들이 찾아와 티베트 불교의 최고 경지인 마하무드라를 물으면 한동안 가만히 있다가 말없이 일어나 탑을 한바퀴 돌고는 제자리로 와 앉는단다. 그것이 법문의 전부이고 마하무드라라는 것이다. 준비된 사람이라면 단박에 깨달을 수 있는 침묵의 법문이다.

그렇다. 자기 자리가 어디인지를 모른다면 진리의 상징인 스투파를 몇백, 몇천 번 돌아봤자 무슨 소용이 있겠는가. 다리 근육을 움직이는 운동밖에 무슨 의미가 더 있겠는가. 제자리를 알고, 제자리를 앉아서 지키는 일이야말로 그분의 깨달음이 아니겠는가.

나그네는 자신에게 묻는다. 너는 너의 자리가 어디인지를 알고 지금 거기에 앉아 있는가. 나그네는 그분에게 고맙게도 화두 하나를 선사받은 느낌이다. 머릿속이 환해지는 깨달음이 들고 보니 탑돌이가 전혀 새롭다. 붓다의 진신사리라도 얻은 기분이다. 단 한번의 탑돌이로써 보드나트 스투파를 떠날 수 있게 되었다.

나그네는 방금 체험했던 느낌들을 모자이크하여 두런두런 읊조려 본다.

땅과 물과 불과 바람과 하늘이여
누더기 꿰매는 어린 수행자

파슈파티 사원의 힌두교 수행자들

불법을 물어도 스승은 말이 없네

탑을 한바퀴 돌고 제자리에 앉을 뿐

보드나트 스투파를 빠져나오는 골목길에는 목조 건물의 크고 작은 힌두교 사원들이 즐비하다. 규모가 큰 힌두 사원들은 이방인의 경우 마스크를 쓰고 다녀야 할 만큼 향 태우는 연기가 매캐하다. 그러나 힌두교 신자들은 사원을 찾아 신에게 경배하는 일이 신나는 듯 얼굴에 생기가 넘쳐흐른다. 연기 속에서도 여인들은 잡담을 나누며 호호호 웃음을 터뜨리고 있다.

우리에게 목욕 재계란 말이 있듯 이들 힌두교 신자들도 기도하기 전에 몸을 씻는다. 사원 안의 노천 목욕탕에서 긴 머리를 푼 여인들이 웃옷을 훌러덩 벗은 채 머리를 감고 있다. 한 처녀는 등을 돌린 채 봉긋한 앞가슴을 씻고 있다.

지금 나그네가 찾아가는 곳은 네팔의 갠지스 강이라 불리는 바그마티 강이다. 바그마티 강은 서로가 그리 멀지 않은 북쪽의 불교 사원인 구헤스와리 사원과 힌두교 사원인 파슈파티 사원 사이를 흘러가는 모양이다. 특히 파슈파티 사원 앞에는 화장하는 가트가 있어 하루 중 어느 때라도 시신이 불에 타는 모습을 볼 수 있단다.

파슈파티 사원은 삼지창 같은 것을 든 시바 신을 주신으로 섬기고 있는데, 시바 신은 생성과 파괴, 즉 탄생과 죽음을 관장하는 신이

힌두교 사원 입구의 노천 목욕탕

다. 그래서인지 파슈파티 사원에 이르자, 나그네에게 낯익은 석조물이 보인다. 맷돌 같은 석조물인데, 그것의 가운데에 링가(남근)가 꽂혀 있다. 그런 석조물이 하나도 아니고 수십 개가 늘어서 있다. 맷돌 형상은 여성을, 링가는 남성을 상징하고 있으니 탄생을 형상화한 것이 분명하다. 실제로 힌두교 여신도들은 맷돌 형상 위에 파진 홈에 우유를 부어 그 홈을 타고 흐른 물을 마시면 아들을 낳는다고 믿는다는데, 이곳에도 남아선호 사상이 오랜 역사 동안 전해져 오고 있음을 엿볼 수 있다.

시바야말로 나약한 인간을 겁주는 신이 아닐 수 없다. 생명을 파괴하고 다시 환생시키는 능력을 가졌으니까. 마침 강가 화장터에서 시신을 태우고 있는 중이라 역한 냄새가 코를 찌른다. 그런데도 이곳 사람들은 무표정하다. 흰 숄을 둘러쓴 한 사두도 옆에 앉은 야생 원숭이와 함께 멍하니 앞을 바라보고 있을 뿐이다.

시신은 화장하여 강물에 흘려 보내버린다. 따라서 네팔도 인도처럼 묘지가 없는 나라이다. 화장은 24시간 안에 하고, 카트만두 사람들은 대부분 파슈파티 사원 앞의 강가 화장터에서 시신을 태운다. 파슈파티 사원의 주신인 시바 신에 의해 숨을 거두었지만 시바 신이 다시 환생의 생명을 준다고 믿기 때문이다.

관은 원래 없으며 천에 둘둘 말아 장작 위에 놓고 아버지 장례 때는 큰아들이, 어머니 장례 때는 막내아들이 불을 붙인다. 이런 일은

바그마티 강가 화장터, 시신이 타는 동안 상주는 머리를 삭발한다.

딸이 절대로 대신할 수 없으며 상주는 화장하는 동안 머리를 삭발하고 흰 옷으로 갈아입는다. 그리고 1년 동안은 근신하는 의미로 그런 행색으로 다닌단다. 화장터 바로 옆에서는 시신이 타는 역한 냄새를 맡으며 〈안구기증센터〉 사무실 직원들이 업무를 보고 있는데, 시신 기증은 이제 세계적인 흐름이 아닌가 하는 생각도 든다.

충격에선지 자비심에서 연유한 것인지 성지 순례중인 듯한 젊은 비구니 스님이 눈물을 주르르 흘리고 있다. 그런 자신이 부끄러워진 듯 슬쩍 얼굴을 돌리는데, 나그네는 눈물 어린 스님의 얼굴에서 인간의 선(善)을 훔쳐본다.

히말라야, 지혜와 자비의 산이여

나그네는 지금 포카라에 와 있다. 어두컴컴할 때 카트만두를 떠나 새벽에 박타푸르 시 외곽의 전망대에서 설산 위로 뜨는 찬란한 일광보살(태양)을 보려고 했으나 짙은 안개에 가려 실패했던 것이다. 바람처럼 빠르게 흘러가는 안개의 장막 사이로 잠깐 잠깐 나타났다가 사라지는 히말라야의 연봉을 간헐적으로 보긴 했지만 그것은 현실의 풍경이라기보다는 짧은 꿈에 불과했다.

신성을 지키는 안개는 나그네를 포카라로 가라고 손사래를 쳤다. 전망대에서 기약 없이 서너 시간을 보내기보다는 차라리 포카라로 가서 그곳의 설산을 보라고 충동질했다. 하여 나그네는 미련 없이 버스를 타고 카트만두를 벗어났던 것이다.

참으로 다행이 아닐 수 없다. 포카라의 거리에는 땅거미가 내리고 있는데도 설산은 멀리서 빛기둥처럼 은빛을 반사하고 있다. 카트만두에서 대여섯 시간을 버스로 달려온 나그네에게 비로소 히말라야 연봉들이 자신의 모습을 드러내주고 있음이다.

포카라 거리 끝에 있는 페와 호수에서 조각배를 빌려 타고 설산이 가장 잘 보이는 장소로 느릿느릿 가본다. 호수에도 땅거미가 그물처럼 던져지고 있다. 그래도 호수에서 우러러보이는 설산은 파노라마 그 자체이다. 어두운 극장에서 대형 스크린에 비친 신비한 영상을 감상하고 있는 느낌이다.

어둠이 깔리는 호수에는 가는 시간이 아쉬운 듯 뱃놀이하는 사람들의 노질이 바쁘다. 배를 탄 어여쁜 처녀들이 설산을 바라보며 노래 부른다. 저녁 예불 때 듣는 염불 소리처럼 아름답다. 순간 호수는 나그네에게 장엄한 법당이 되어버린다.

도대체 나그네에게 설산은 무엇인가. 무슨 인력(引力)으로 카트만두에서 쉬지 않고 대여섯 시간을 달려 이곳에 와 있는가. 붓다가 깨달음을 얻기 전에 고행했던 장소라서 그러한 것인가. 파슈파티 힌두 사원에서 나그네는 히말라야 설산에서 20여 년간 우유만 먹고 수행한 바바(경지가 높은 힌두교 수행자)를 만나는 동안 놀랐었다. 그의 머리카락은 50년간 한번도 잘린 적이 없어서 새끼줄처럼 꼬였고 그 길이가 2미터가 넘었다.

지금도 수행자들이 시도 때도 없이 설산을 찾아들고 있다. 어느

페와 호수 너머로 보이는 설산

힌두교 수행자에게 왜 히말라야를 찾느냐고 물으니 대답이 간단하다.

「히말라야는 그대를 바로 신성으로 들어가게 합니다」

여기서의 신성은 불교식으로는 불성이나 자성, 깨달음이고, 기독교식으로는 영성(靈性)일 터이다. 사두가 던지는 또 하나의 대답은 〈그대가 소망하는 것을 다 이루어준다〉는 것이다. 그렇다면 히말라야는 본래의 나를 깨닫게 하는 지혜의 산이요, 소망을 이루어주는 자비의 산이다.

그러나 나그네 같은 얼치기는 〈석양에 빛나는 안나푸르나여!〉 하고 감탄을 자아내는 감흥으로써 자족할 수밖에 없다. 2천5백 년 전에 오셨다 가신 붓다, 그분의 스승인 설산을 오늘 만났다는 반가움과 기쁨을 추억이란 수첩 속에 적어놓을 수밖에 없다.

흐려진 눈으로 어찌 저 하얗게 빛나는 안나푸르나 속에서 지혜의 문수보살과 자비의 관음보살을 친견할 수 있을 것인가. 숙소로 돌아와 커튼을 열어젖히니 안나푸르나의 설봉이 어둠을 물리치고 호반에서 볼 때보다 더 성큼 다가와 있다.

희다 못해 푸른빛이 도는 안나푸르나이다. 히말라야의 영혼이 있다면 저런 빛깔일까.

잠자리에서까지 눈 덮인 안나푸르나는 이부자리가 되어 나그네를 덮어준다. 춥지 않고 편안하다. 계곡에는 물이 흐르고 붉고 노란 꽃들이 피어 있다. 설명할 수 없는 설산의 풍경이지만 나그네는 극락

큰 바다는
소금이라는 단 한 가지
맛밖에 없다
그렇듯 진리의 길은
자유라는 단 한 가지 맛을
가지고 있을 뿐이다.

에 다녀온 것을 다음날 새벽에야 느낀다.

나그네는 아침 일찍 붓다가 태어나신 룸비니로 가는 동안 설산이 선사한 축복을 음미해 본다. 사진을 공부하는 후배가 따라니오면서 무슨 좋은 일이 있었느냐고 묻는다. 후배는 아직도 안나푸르나를 마음껏 렌즈에 담지 못해 아쉬운 모양이다.

카트만두에서 오는 길과 포카라에서 룸비니로 가는 길이 만나는 삼거리에서 잠시 휴식을 취한다. 사람들은 밀가루 빵인 짜파티로 식사를 하고 있다. 네팔의 주식도 인도와 마찬가지로 짜파티다. 차로는 홍차에 우유를 탄 짜이를 즐겨 마신다. 사람들이 모이는 거리에는 어김없이 동물들도 한자리 차지한다. 국내에 소개된 사진을 보면 소만 어정거리는 것 같은데 사실은 돼지, 염소, 개, 닭 등 모든 길짐승들이 다 거리를 돌아다닌다.

나그네가 짜파티를 한 개 사먹으려고 하는데, 화덕에 앉은 주인이 고개를 돌리자 어슬렁거리고 있던 염소가 잽싸게 짜파티 한 개를 입으로 가져가 씹는다. 그래도 주인은 화를 내지 않고 불쏘시개로 염소를 쫓는 시늉만 한다. 이런 장면만 보고 부러워하고 미화시킬 생각은 없지만 동물들이 사람 사이를 헤집고 다니면서 어정거리는 풍경은 자동차만 쌩쌩 달리는 우리네 거리보다는 여유가 있고 동화적이다. 우리에게도 한가했던 논밭 갈던 농경 시절이 있었기에 정겹

호떡처럼 생긴 짜파티. 인도·네팔 사람들의 주식이다.

게 다가오는 듯싶고, 사람과 동물이 함께 살았던 순박한 과거 세월
이 떠오르는 것이다. 나그네는 잃어버린 것도 새로 얻은 것 못지않
게 의미와 가치가 크다는 것을 절감하지 않을 수 없다.

삼거리에서 서너 시간 동안 협곡을 넘어가니 널따란 평야 지대가
나타난다. 네팔 하면 산지나 고원이 먼저 떠오르는데, 이곳은 완전
히 생각을 바꾸게 한다. 우리의 김제평야 같은 광활한 농토가 펼쳐
지고 있는 것이다. 끝없는 지평선이 차창을 따라 흐른다.

이제 룸비니까지는 자동차로 세 시간 정도 걸리는 거리다. 나그네
는 다시 구릉에 형성된 티크나무 숲에서 휴식을 취한다. 부근에 농
가가 서너 채 있는데, 아이들이 빈 수레를 타고 놀고 있다. 어느 나
라 어느 곳을 가보아도 아이들의 표정은 티없이 맑다. 발전이 덜된
나라의 아이들일수록 공부에 시달리는 소위 선진국의 아이들보다
표정이 더 건강하다. 사탕수수를 입에 물고 단물을 빠는 아이도 보
이는데 영락없이 우리 어린 시절 모습이다.

사탕수수에 얽힌 이야기가 떠오른다. 사탕수수에서 추출한 설탕
은 검은 빛깔을 띠지만 천연의 당분이므로 인체에 무해하다는 것은
자명한 일이다. 화학적으로 합성한 당의정과는 비교할 수 없는 것이
다. 그런데 이런 사실이 과장되어 만병통치약쯤으로 과신한 어떤 스
님이 국내에 가지고 들어가려고 돌덩이처럼 무거운 천연의 설탕 덩
어리를 바랑에 넣고 낑낑대며 다녔다는 것이다. 무소유를 지향하는

어느 나라이건 아이들 표정은 티없다.

수행자이기에 실소를 자아내게 하는 이야기가 아닐 수 없다. 결국 그 스님은 무거운 설탕 덩어리를 버리고 나서야 홀가분하게 성지를 돌아다녔다는 얘기의 결말이고 보면 거기에도 삶의 지혜는 숨어 있다.

웃어넘길 얘기가 아니다. 우리 자신도 버려야 할 짐을 등에 지고 힘겨워하고 있는지 모른다. 버리는 그 자리가 바로 행복해지는 삶의 자리인데도. 나그네의 스승이기도 한 법정 스님은 말했다. 무소유란 필요한 것만 지니는 삶이라고. 아무리 좋아하는 만년필이라도 하나만 가지면 됐지 두 개는 욕심이라고.

붓다가 탄생한 룸비니는 오후 5시까지만 개방한다고 한다. 나그네는 할 수 없이 빠이라와 마을에 숙소를 정하고 거리를 나선다. 우리 행정 단위로는 읍 정도의 크기지만 인도로 가는 네팔의 마지막 국경 도시답게 거리가 부산하다.

결혼식을 하는지 새로 설치한 가설 천막이 보인다. 임시 발전기를 가져와 전깃불을 환하게 밝혀놓은 식장이다. 거지도 결혼할 때는 구걸한 돈을 몽땅 털어 부을 정도로 네팔인들은 식을 성대하게 치른다. 실제로 부잣집 신랑은 식장에 백마를 타고 입장하며 무장한 경찰들이 축포를 쏘아주고 경비를 서준다. 신부는 혼수를 많이 가져갈수록 대접받는다. 산간 지방의 네와리족은 식을 치른 뒤 잔치를 계속하다가 나흘 후에야 신랑신부가 합궁한다는데, 허례허식의 정도는 다르겠지만 우리의 잔치 문화와 엇비슷하다.

천막을 치고 하객을 맞는 네팔인 결혼식장

수행자들이 보기에는 부질없는 일이겠으나 나그네는 그들의 잔치를 구경하며 하루의 피로를 씻는다. 불청객이지만 새 인생을 출발하는 신랑신부에게 나그네는 마음으로 축하를 보낸다.

행복한 기운이 가득한 동산

아이들이 굴렁쇠를 굴리고 제기를 차고 있다. 쌍갈래로 머리를 땋은 여자아이도 보인다. 웃는 치아를 보니 앞니가 토끼처럼 크고 하얀 게 몽골리안이 분명하다. 어린 시절 교과서에 나왔던 철수나 순이 같은 모습이다. 어른들의 거창한 문화만 이동하는 것이 아니라 아이들의 놀이 문화도 히말라야를 넘나들고 널따란 중국을 지나 우리 땅에 왔다는 증거이다.

말이 통할 리 없지만 나그네는 아들딸처럼 귀여운 몽골리안 아이들의 머리를 쓰다듬고 함께 기념사진을 찍는다. 나중에 인화한 사진을 보면 누구라도 나그네의 피붙이로 여길 것만 같다. 일설에 의하면 석가족(釋迦族)*도 몽골리안이라는 주장이 있다. 붓다의 형상에 황색의 금칠을 입히는 전통도 그렇고 무엇보다 네팔의 고고학계에 따르자면 카필라 성(城)이 몽골리안들이 산재한 히말라야 산 아래 있었기 때문이다.

룸비니 동산으로 들어가는 입구에는 아니나 다를까 여행을 떠나기 전에 들었던 건장한 한 사람이 보인다. 선글라스를 끼고 오렌지색 승복을 입은 사람인데, 실제로는 가짜 승려라고 한다. 하루 종일 탁발하여 번 돈으로 밤에는 호텔에서 맥주를 마시는 건달이라는 것이다. 그런데도 그를 쫓아내는 경비원이나 스님은 한 사람도 없다. 이유인즉 탁발에 대한 오랜 관념의 차이에서 비롯된 것인데, 인도나 네팔 사람들은 그들에게 도움을 주었다고 생각하지 않고 오히려 복 받는 기회를 얻었다고 여긴단다. 좀 헷갈리는 이야기지만 적선(積善)이라는 낱말을 떠올려보면 쉽게 이해가 된다. 적선이란 말 그대로 〈선을 쌓는 행위〉이니까.

룸비니의 유적이라면 세 가지를 들 수 있다. 첫번째는 붓다가 태어나실 때 마야부인이 기댄 사라수와 용들이 붓다의 몸을 씻어준 싯다르타 연못이고, 두번째는 이곳이 룸비니 동산임을 증명하는 아쇼카 석주이고, 세번째는 붓다 탄생상을 봉안한 마야부인 사원이다.

나그네는 이곳을 두번째 찾은 셈이다. 10여 년 전, 30대 후반에 후배이기도 한 소설가 구효서와 시인 윤제림 씨와 함께 들렀었다.

------

* 석가(釋迦)는 민족의 명칭이다. 붓다를 가리켜 석가모니라 함은 석가족 출신의 성자라는 뜻이다.

오늘 최선을 다하라.
내일을 기다리는 것은 너무 늦다.
죽음이 와서 우리를 불시에 기습한다.
우리가 어떻게 죽음을 거스르겠는가.
밤낮으로 집중하여 사는 방법을 아는 사람은
주인공으로 사는 가장 좋은 방법을
아는 사람이다.

그때와 달라진 풍경은 마야부인 사원이 발굴 사업 때문에 헐리고 임시로 출입구 옆에 세워진 것뿐이다. 나머지는 예전과 마찬가지다. 무우수(無憂樹)라 불리는 사라수도 그때와 마찬가지로 싯다르타 연못에 그림자를 드리우고 있고, 아쇼카 대왕 석주도 그 옛날 현장이 와서 보았듯이 맨 위의 말[馬] 형상이 잘려나간 굴뚝 같은 모습 그대로이다.

여기 사라수 아래에서도 힌두교 신도들은 그루터기에 놓인 조그만 붓다상(像)에 붉은 칠을 하면서 제사를 지내고 있다. 그리고 그 옆에는 네팔의 승려가 앉아서 명상에 잠겨 있다. 이른바 불교 성지 안에서 일어나고 있는 타종교의 제사 의식인데 종교간의 다툼은 없다. 자신이 신앙하는 대상에 몰두하고 있을 뿐, 시비를 떠나 공존과 상생을 보여주고 있다. 처음에는 황당했지만 가만히 생각해 보니 부럽다. 희망사항이 되고 말지 모르지만 나그네는 언젠가 지역 감정의 맹독(猛毒)이 사라지고, 그런 후 남북통일이 되었을 때, 또 그 다음에 올 지긋지긋한 갈등을 상상해 보고서는 지레 몸서리친 적이 있다. 남북통일이 된 그 다음에는 종교간에 서로 물고 헐뜯는 집단적인 증오가 망측하게도 떠올랐던 것이다. 그런 의미에서 비록 작은 출발이긴 하지만 김수환 추기경이 서울 성북동의 길상사로 올라가 축하 기도를 하고, 법정스님이 명동성당으로 내려가 강론하는 것을 보고서 기쁜 마음보다는 스스로 안도한 적이 있음을 고백하지 않을

붓다가 탄생한 후 마야부인이 목욕한 연못

수 없다. 모르는 이웃간에도 대화를 못할 이유가 없는데, 진리와 선
을 추구하는 종교 집단이라면 더 말해 무엇하리.

〈붓다의 탄생〉을 이야기하는 경전은 많다. 『본생경』이나 『과거현
재인과경』, 『불본행집경』 등에 자세히 서술되어 있다. 다 아는 이야
기지만 마야부인이 아기를 낳고자 숫도다나 왕의 허락을 받고 친정
인 데바다하〔天臂城〕로 가게 된다. 그런데 가는 도중 룸비니 동산에
이르러 마야부인은 산기를 느끼고서 무우수 가지를 붙들고는 옆구
리로 아기를 낳고 마는데, 그가 바로 세존이신 붓다이다. 그때 공중
에 있던 용왕의 형제들이 더운물과 찬물로 어린 붓다를 목욕시켜 주
자 어린 붓다의 몸은 황금빛을 내쏘며 삼천대천세계를 비추었다고
한다.

이윽고 붓다는 홀로 일곱 걸음을 옮기었다. 그러자 옮기는 걸음
자리마다 수레바퀴만한 큰 연꽃이 솟아올랐다. 이에 어린 붓다는 오
른손은 위를, 왼손은 아래를 가리키며 말했다.

하늘 위와 하늘 아래 오직 나 홀로 존귀하도다   〔天上天下唯我獨尊〕
삼계가 모두 고통에 헤매나니 내 마땅히 이를 편안케 하리라

〔三界皆苦 我當安之〕

이른바 탄생게(誕生偈)인데 그 해석은 분분하다. 그러니 나그네

마야당 안에 있는 붓다 탄생 조각

식의 설명을 붙이지 않을 수 없다. 〈천상천하 유아독존〉이란 말은
전생에 수많은 희생과 봉사의 정업(淨業)을 닦았으며 금생에는 진리
를 깨달아 붓다가 될 자신이 천상천하에 존귀하다는 것이고, 〈삼계
개고 아당안지〉란 고통받는 중생을 편안하게 구제하겠다는 결의이
자 맹세이다.

나그네 마음에 울림이 더 큰 것은 자비의 극치인 〈삼계개고 아당
안지〉다. 이는 붓다를 더 위대하게 하는 구절이 아닐 수 없다. 수행
자가 진리를 구하고자 정진하는 것은 중생을 편안케 구원하겠다는
의지에서 비롯되어야 하고, 결국 그렇게 회향되어야 한다. 그렇지
않다면 수행자가 존경을 받아야 할 그 어떤 이유도 명분도 없기 때
문이다.

나그네는 명상에 잠긴 승려가 깨어나기를 기다렸다가 다가간다.
그는 룸비니 동산에서 가까운 네팔 사원의 승려인 모양이다. 묻지
않는데도 자신의 일과를 소개한다.

「하루 한끼만 먹고 4시간씩 이 자리에서 명상합니다. 승려가 된
지는 24년이 됐습니다」

하루 한끼만 먹는 소위 일종식은 붓다의 식사법이다. 그 전통에
따른 선가의 식사법도 마찬가지다. 아침에 자리끼 같은 죽을 들 때
도 있고, 저녁에 식사 흉내를 내는 약식을 할 때도 있지만 밥과 반
찬을 내놓고 정식으로 공양하는 것은 점심때뿐인 것이다.

나그네는 그와 통성명을 한다. 그의 이름은 비베깐난다라고 한다. 표정이 매우 진지하고 온화하다. 룸비니 동산의 가장 큰 장점이 무엇이냐고 묻자 〈어디나 행복한 기운이 가득한 성지〉라고 말한다. 그래서 자신은 행복한 사람이라고 자랑한다.

아쇼카 석주 앞에서 순례자들이 기도하고 있다. 나그네도 그들의 무리에 끼여 합장을 한다. 아쇼카 석주는 기원전 250년 아쇼카 대왕이 붓다의 탄생지에 와서 기념으로 세운 것이다. 신라승 혜초가 순례하러 왔을 때만 해도 룸비니는 숲과 넝쿨에 뒤덮이고 승려의 자취마저 끊기고 말았는데, 이후 천년이 지난 뒤 1896년 독일의 고고학자 휘러가 이곳을 발견하여 룸비니 동산임을 결정적으로 밝혀내었다. 아쇼카 왕은 석주에 이렇게 새겼다.

많은 신들의 사랑을 받고 있는 피야다시(아쇼카의 다른 이름) 왕은 즉위한 지 20년이 지나 이곳을 친히 참배하였다. 여기서 붓다 석가모니께서 탄생하셨기 때문이다. 그래서 돌로 말의 형상을 만들고 석주를 세우도록 했다. 이곳에서 위대한 분이 탄생했음을 경배하기 위한 것이며, 이를 기리어 룸비니 마을은 조세를 면하고 생산물의 8분의 1만 징수케 한다.

현장은 『대당서역기』에서 이 석주의 말 형상이 어떻게 사라졌는지를 밝히고 있다. 악룡의 벼락같은 큰소리에 석주의 기둥이 부러졌

아쇼카 왕이 붓다 탄생지 순례 기념으로 세운 석주

다고 기록하고 있다.

　나그네는 자리를 옮겨 마야부인 사원 안으로 들어가 본다. 본래의 사원은 발굴중이므로 임시 사원인 셈이다. 가장 먼저 눈에 띄는 조각은 탄생상(誕生像)이다. 현재의 탄생상은 원래의 것이 마모되어 다시 제작한 조각인데, 나그네가 가장 궁금한 것은 왜 하필이면 옆구리로 태어났을까 하는 점이다. 어떤 학자는 현대 의학의 잣대로 제왕절개를 이야기하지만 나그네 판단으로는 하나의 상징이 아닐까 싶다.

　인도 신화에 의하면 바라문은 신의 입에서, 왕족은 신의 옆구리로, 바이샤는 신의 배에서, 천민인 수드라는 신의 발바닥에서 태어난다고 한다. 신분에 따라서 달리 태어나므로 크샤트리아 계급인 붓다는 옆구리로 태어날 수밖에 없는 신분(카스트)인 것이다. 그러나 붓다는 타고난 신분을 부정했다. 그가 어떤 행위를 하느냐에 따라서 신분이 결정된다고 했다.

　그렇다. 지금도 붓다의 그 말씀은 진리다. 자비를 베푸는 이는 거룩한 사람이고, 남에게 피해를 주는 이는 천박한 사람이다.

자비를 싹 틔운 드넓은 대지

네팔의 빠이라와 마을의 숙소에서 새벽에 일찍 일어나 배낭을 꾸리는 것은 국경을 일찍 넘어가기 위해서이다. 사람들의 왕래가 활발해지는 아침 시간만 되어도 출입국 수속하다 보면 두어 시간을 허비할 수도 있기 때문이다. 인도 여행을 하면서 늘어지게 잠을 즐긴다는 것은 상상할 수 없는 일이다. 순례의 시간을 길 위에서 보내지 않고 침대에서 낭비한다는 것은 나그네로서 자격 상실이 아닐 수 없다.

빠이라와를 지나 인도의 국경 지역인 소날리 거리로 들어서니 벌써부터 트럭과 소형차들이 장사진을 치고 있다. 네팔에서 인도로 넘어오는 외길을 통제하는 것은 긴 나뭇가지 하나가 전부이다. 백열전구 불빛 아래서 나이 든 공무원이 여권에 도장을 찍기 전까지는 나뭇가지가 올라가지 않는다. 먼저 접수된 쌓인 여권들을 보니 수속

이른 새벽 인도로 넘어가기 위해 차례를 기다리는 트럭 운전수들

시간이 십여 분은 지체될 것 같다.

인도로 넘어와 입국 수속을 밟는 과정에서도 사정은 마찬가지였다. 머리가 허연 공무원 두 명이 바쁘게 움직이지만 이삼십 분은 기다려야 한단다. 어느새 들녘 너머로 해가 떠오르고 있다. 짙은 안개 속에서 떠오르는 소날리의 아침 해는 망고 빛깔이다.

네팔과 인도의 시골에는 화장실이 따로 없다. 우리처럼 경범죄에 걸릴 위험이 없으므로 어느 곳이건 앉은자리가 화장실이 된다. 조그만 물통을 든 사람들이 들녘의 안개 속으로 하나 둘 사라지고 있다. 안개 속의 실루엣이 명상하는 구도자의 자세처럼 거룩하게 보이지만 실은 엉덩이를 깐 채 볼일을 보고 있는 중이리라.

나그네도 볼일을 보고 거리로 돌아와 가게에서 짜이를 한잔 사서 마신다. 더부룩했던 속이 편안하게 바뀌는 것 같다. 인도에서 풍토병에 걸리지 않으려면 짜이를 사랑하라고 했던가. 이제 인도인의 주식인 짜파티는 네팔에서 며칠 동안 나그네의 위장과 잘 사귀게 되어 생각만 해도 입에 침이 고인다. 음식을 가지고 그 나라가 미개하니 어쩌니 하는 것처럼 어리석은 일은 없다. 우리가 즐겨 씹는 오징어를 인도인들은 백이면 백 모두가 질색을 한다. 강제로 입에 넣어주면 도망치는 사람도 있다. 오징어가 풍기는 냄새와 맛 때문이다.

소날리에서 카필라 성까지는 농사를 짓는 평야나 구릉 지대이다. 차창에 흐르는 드넓은 논밭을 보고 있자니 2천5백 년 전 석가족의

새벽을 맞는 네팔과 인도 국경 부근의 드넓은 대지

영화가 떠오른다. 붉은 벽돌로 높이 쌓은 카필라 성을 중심으로 군데군데 마을이 형성되었을 것이고, 들녘에는 일하는 농부들의 노랫소리가 끊이질 않았을 것이고, 거리에는 밀과 사탕수수를 실은 마차들이 먼지를 일으키며 달렸을 것이다.

그러나 멀리 보이는 지금의 카필라 성은 폐허가 되어 있고, 들녘은 흰 소를 이용하여 써레질하는 농부들이 드문드문 보일 뿐 한가하기만 하다. 사람의 성격 형성은 알게 모르게 자연 환경에 의해 좌지우지된다고 한다.

고타마 싯다르타가 자란 카필라 성은 농산물 생산이 풍부한 평야 지대로 둘러싸인 곳이었다. 따라서 고타마 싯다르타의 자비로운 심재(心材)는 어머니 같은 드넓은 대지를 닮으면서 형성됐는지 모른다. 대지는 모든 식물의 씨앗을 싹 틔우고 기르고 열매 맺게 하는 자비로운 품이다. 그러니까 붓다의 핵심 정신인 자비는 이미 어린 시절부터 붓다의 가슴속에 잉태되어 있었을 것이라는 말이다.

붓다의 출가 동기라고 전해지는 저 유명한 〈사문유관(四門遊觀)〉은 젊은 싯다르타의 자비심이 얼마나 컸는지 확인시켜 주는 일화이기도 하다. 『장부경전』 「제14 대본경(大本經)」에 나온 〈사문유관〉을 요약하면 다음과 같다.

어느 날 싯다르타 태자는 부왕 숫도다나에게 가까스로 허락받아

지금은 농토로 변한 카필라 성터. 농부가 써레질하고 있다.

마차를 타고 성밖으로 나간다. 부왕 숫도다나는 신하들을 시켜서 태자가 가는 길을 깨끗이 치우도록 하였다. 처음으로 싯다르타가 나간 문은 동문이었다.

그때 싯다르타 태자는 마차를 타고 가는 도중에 지팡이에 의지해서 겨우 걸음을 옮기는 몰골이 추한 노인을 만났다. 태자가 노인에 대해서 묻자 마부는 이렇게 대답한다.

「사람은 누구라도 세월이 지나면 늙을 수밖에 없습니다」

자비심이 많은 싯다르타는 〈이처럼 늙어가는 괴로움을 벗어나는 길은 없을까〉 하고 고민하기 시작한다.

두번째로 나간 문은 남문이었다. 다시 만난 사람은 병으로 괴로워하는 병자였다. 역시 싯다르타는 〈왜 사람은 병에 걸리는 것일까〉 하고 고민했다.

세번째의 외출은 서문으로 했다. 마차를 타고 가는데 사람들이 모여 있고 통곡 소리가 들려왔다. 싯다르타는 시신 곁에 마차를 세우게 한 후 마부에게 물었다.

「죽음이 어떤 것이기에 사람들이 저리 슬피 우는가」

「죽음이란 부모와 형제와 친척들과 영원히 헤어진다는 것입니다. 저렇게 우는 부모와 형제, 친척들 또한 언젠가는 죽게 됩니다」

「그렇다면 나 자신도 죽음을 면치 못한단 말인가. 부모와 모든 사람들과 영원히 이별하지 않으면 안 된다는 말인가」

「태자시여, 사람은 모두가 반드시 죽게 되는 것이며 누구라도 결코 죽음에서 벗어날 수 없습니다」

늙고 병들고 죽는 것의 괴로움을 목격한 싯다르타는 마지막으로 북문을 거쳐 나가보았다. 이번에는 황색의 가사를 몸에 두르고 있는 수도승을 만났다. 바루를 든 그는 지그시 앞을 바라보며 걷고 있었다. 싯다르타는 그의 자태에서 누구보다도 평화롭고 고요한 기운을 느꼈다. 마부가 설명해 주었다. 출가한 자로서 모든 세속의 욕망을 버리고 오로지 마음의 평온함과 해탈을 이루기 위해 수행에 전념하는 수행자라고 말했다. 그제야 싯다르타는 자신과 사람들의 괴로움을 무엇으로 해결해야 할지 깨달았다. 성안으로 돌아오면서 태자는 수행자가 될 것을 결심했다.

이처럼 동서남북의 성문으로 나가 세상살이의 실재를 보았다고 해서 〈사문유관〉이란 말이 생겨났다. 그런데 나그네는 싯다르타가 세 번을 관(觀)하여 인생의 슬픔과 덧없음에 빠졌다가 네번째 관을 통해서 출가를 결행했다는 결과론보다는 그 동기와 마음, 즉 출가의 동인(動因)에 주목하고 싶다. 무엇을 보든지 자비심이 흘러 넘쳤던 싯다르타는 인간의 근본적인 고통을 해결하기 위해 운명적으로 출가하지 않을 수 없었고, 붓다의 일생 또한 자비심을 실천한 성스러운 드라마였다고 나름대로 해석해 보고 싶은 것이다.

한편으로 싯다르타의 〈사문유관〉은 상징적인 서술이기도 하다. 생각이 깊은 싯다르타가 인생의 생로병사를 20대 후반에 이르러서야 보고 번민했다는 것은 믿기 어렵다. 카필라 성안에서도 왕족이나 전쟁으로 인한 군사들의 죽음을 자주 보았을 터이기 때문이다. 경진의 서술은 싯다르타가 고뇌한 인생의 문제를 이해하기 쉽게 간추린 것에 불과하지 않을까. 인도의 문어인 산스크리트어로 씌어진 경전을 불교학자 에드워드 콘제E. Conze가 영역한 『중아함경』에는 이렇게 나와 있다.

〈인생의 초반기였던 젊은 시절, 나는 자연을 보고서 살아 있는 모든 것들은 늙어가다, 죽음을 맞는 슬픔을 뿌리칠 수 없는 존재라는 사실을 알았다.

나 자신이 자연이라는 생각도 떠올랐다. 나도 모든 피조물과 같았다. 나 또한 병들고 늙어가다, 죽음을 맞는 슬픔을 뿌리칠 수 없는 존재였다.

그러나 만일 내가 만상의 근원이 되는 그 무엇을 찾는다면 어떻게 될까? 절대적 경지의 완벽한 자유의 세계, 걱정과 근심이 전혀 없는 행복한 세계를 추구한다면 어떻게 될까?

나는 처음으로 홀로서기를 선언했다. 아버지의 의지와 달리 검고 숱 많은 머리를 자르고, 오렌지 빛깔의 승복을 구해 입고, 수행하

해탈에 이르는 길은
무엇이 된다는 바람 없이
지금 최선을 다해 살도록 닦는 일이다.
깨인 마음으로
지금 이 순간을 경험하라.
너는 죽음을 두려워하지 않고
윤회를 바라지도 않으리라.

기 위하여 아버지의 왕국을 떠났다. 나는 오랫동안 선의 진리를 찾아 헤맸으며 지고한 평화의 상태를 얻으러 돌아다녔다.〉

한편, 나그네가 지금 찾아가고 있는 카필라 성의 위치에 대한 논란은 지금도 계속되고 있다. 인도와 네팔 학계가 대립하고 있는 것이다. 그러나 카필라 성의 위치가 네팔 쪽인지 인도 쪽인지 확실하게 결론이 나지 않은 상태다.

네팔 고고학계에서는 중국 고승 현장의 인도 여행기인 『대당서역기』를 참조하여 카필과 성이 네팔의 틸라우라코트 지역이라고 주장하고 있으며, 그에 맞서 인도 고고학계에서는 삐프라와 지역과 간와리와 지역이라고 주장하고 있다. 삐프라와의 붓다 스투파에서 발견된 사리함에 〈이것은 석가족 붓다 세존의 사리함으로서, 그의 형제 자매 처자들이 모신 것이다〉라는 명문이 씌어져 있고, 또한 붓다 스투파 앞쪽의 승원터에서는 〈옴 데바푸트라 승원, 카필라바스투*비구 상가〉라는 테라코타 인장 자국들이 발견되었기 때문이다.

명문만 참고해서 볼 때는 인도의 삐프라와 지역이 맞지만 붓다가 입멸한 후에 씌어진 기록이기 때문에 전적으로 신뢰하기에는 부담스럽지 않을 수 없다. 붓다의 젊은 시절에는 네팔의 틸라우라코트에

* 카필라 성을 일컫는다.

카필라 성이 있었는데, 그곳이 쇠퇴하자 인도의 삐프라와 지역으로 옮겨진 것인지도 모르기 때문이다. 그렇게 가정한다면 두 지역이 세월의 시차를 두고 모두 카필라 성이 되는 셈이다.

물론 나그네가 찾아가고 있는 곳은 인도의 삐프라와 지역이다. 앞에서도 말했지만 〈카필라바스투〉라는 명문이 발견된 곳이기 때문이다. 나그네는 지금 싯다르타가 출가하기 전 〈살아 있는 모든 것들은 늙어가다, 죽음을 맞는 슬픔을 뿌리칠 수 없는 존재〉라는 사실을 깨달았던 장소, 카필라바스투로 가고 있는 중이다.

그대 안의
붓다

아들, 아내, 동생 잇따라 귀의

카필라 성안에 있는 붓다 스투파 역시 붉은 벽돌로 작은 왕릉처럼 쌓은 탑이다. 붓다의 후손들이 쌓은 탑인데 붓다의 진신사리가 담긴 사리함이 여기서 발견되었다. 발견된 붓다의 진신사리와 사리함은 현재 인도의 수도 델리 국립박물관에 보관되어 있다. 십여 년 전에 한 번 보았지만 이번에도 델리를 갈 기회가 생기면 국립박물관까지 가보고 싶다.

그때 친견한 붓다의 진신사리는 약간 검은빛을 띤 뼛조각이었던 것으로 기억된다. 그래서 나그네는 붓다에게 더욱 친근함을 느꼈었다. 이미 우리 곁을 떠나버린 초인이거나 신비한 각자가 아니라 그도 역시 사람이었구나! 하는 느낌이 강하게 들었던 것이다. 다만 나그네와 다른 점이 있다면 반야의 지혜에 눈을 뜬 스승이었다고나 할까. 실제로 초기 경전인 『숫타니파타』를 보면 제자들이 붓다를 부를 때 〈눈을 뜬 이여! 거룩한 이여!〉 하고 말하는 장면이 많이 나온다.

가슴에 친근하게 다가오는 붓다.

카필라 성에 와서 다시 한번 더 생각해 보는 붓다의 참모습이다. 사문유관으로 출가를 결심한 싯다르타는 바로 결행하지 못한다. 수년을 더 카필라 성에서 고뇌하고 방황한다. 왕위를 물려받으라는 부왕의 뜻이 워낙 강력하고 석가족의 소망을 저버릴 수 없었기 때문이었다.

성품이 자비롭고 효성이 지극한 싯다르타는 부왕의 권유에 따라 아쇼다라 공주와 결혼하여 아들 라훌라를 낳는다. 아버지와 아내와 아들의 인연을 끊지 못하고 고민하는 싯다르타의 인간적인 갈등이 눈에 선하다. 가족과의 인연을 갈등 없이 절연하는 사람은 아마도 이 세상에 없을 것이다. 싯다르타는 잠 못 이루는 밤이 많았다. 『법구경』에 나오는 다음과 같은 구절은 그때의 심정을 회상하고 말씀했을 것이다.

잠 못 이루는 사람에게 밤은 길고
지쳐 있는 나그네에게는 지척도 천 리
바른 진리를 깨닫지 못한 자에게는
윤회의 밤길이 아득하여라.

붓다가 성장한 카필라 성안에 있는 붓다 스투파

마침내 싯다르타는 스물아홉의 나이로 출가를 결행한다. 출가를 영어로 번역하여 〈위대한 포기〉라고 했던가. 싯다르타 태자는 부귀와 영화를 미련 없이 버렸다. 그에게 주어진 모든 기득권을 놓아버렸다. 그는 모든 것을 가지려고 하는 왕도(王道)의 길을 버리고, 모든 것을 놓아버리는 진리의 길을 걸었다.

그리하여 육 년 고행 끝에 깨달은 사람, 즉 붓다가 된다. 다시 육 년 후 붓다는 카필라 성을 찾는다. 깨달음을 이룬 뒤 반드시 돌아오겠다는 자신의 다짐과 숫도다나 왕이 그를 너무나 보고 싶어해서였다. 부왕의 뜻은 겨우겨우 이루어졌다. 붓다에게 보내는 신하마다 그의 제자가 되어 돌아오지 않았기 때문이었다. 정욕이 강하여 도저히 승려가 될 수 없을 것 같은 신하 우다이조차도 출가해 돌아오지 않을 정도였다.

나그네는 『잡아함경』을 펼쳐들고 카필라 성으로 돌아온 붓다를 떠올려본다. 『잡아함경』은 고향을 찾아온 붓다의 모습을 다음과 같이 전하고 있다.

붓다는 그의 아버지 숫도다나 왕이 늙어가면서 그를 몹시 보고 싶어한다는 말을 들었다. 그래서 붓다는 카필라 성에 있는 아버지의 궁전을 향해 먼 길을 떠났다. 여행은 두 달이 걸렸으며 가는 도중에도 붓다는 제자들을 가르쳤다.

일행이 도착했을 때 왕의 정원에는 그들이 머물 수 있도록 자리가 준비되어 있었다. 그러나 궁전의 시종들은 붓다가 왕자의 신분을 포기하고 집 없는 떠돌이가 되었다고 비웃었다. 그들은 붓다에게 하루 중 유일한 식사인 점심마저 올리지 못하게 하였다.

붓다는 불평하지 않고 카필라 성에 있는 이 집 저 집을 탁발하러 돌아다녔다. 제자들도 붓다와 동행했다. 왕이 소식을 듣고 서둘러 붓다를 찾아갔다. 왕은 붓다에게 왜 이런 식으로 가문의 명예를 실추시키는지 물었다. 그러자 붓다가 말했다.

「탁발은 우리의 계율입니다」

왕은 놀라 말했다.

「우리는 무사 집안이오. 그 어떤 무사도 거리로 나가서 구걸한 적이 없소」

붓다가 대답했다.

「오, 왕이시여. 당신은 무사 집안의 혈통이십니다. 그러나 저는 붓다 혈통입니다」

붓다는 길에 선 채 왕에게 충고했다.

「깨어서 귀를 기울이십시오. 선한 삶을 사십시오. 선한 사람들은 이 세상에서도 저 세상에서도 행복하게 삽니다」

왕은 비로소 진리를 이해했다. 그는 붓다의 그릇을 받아들고 붓다와 그의 제자들을 궁전으로 안내했다. 궁전에서 왕은 그들에게 음식을 올렸고 이후로는 사색을 하며 겸허하게 살았다.

이때 붓다를 가장 보고 싶어했던 사람은 아마도 결혼하여 아들 라
훌라를 낳자마자 생과부가 된 아쇼다라 비(妃)였을 것이다. 그러나
아쇼다라는 감히 붓다에게 다가가지 못하고 라훌라에게 「저분이 너
의 아버지이시다. 너에게 물려줄 상속 재산이 있는지 여쭙고 오너
라」 하고 말했다. 그러나 붓다는 라훌라를 보자, 사리풋다(사리불)
에게 아들을 출가시키도록 지시한다. 붓다가 라훌라에게 전해 줄 상
속 재산이자 선물은 〈출가〉인 셈이었다.

반면에 『자타카』 「인연품」에는 붓다가 숫도다나 왕과 함께 아쇼
다라의 방을 찾아간 것으로 기록되어 있다. 부왕인 숫도다나 왕은
과부가 된 아쇼다라가 측은했던지 이렇게 위로의 말을 하고 있다.

「붓다여, 아쇼다라는 그대가 황색의 옷을 입고 있다고 들은 후
자신도 황색의 옷을 입고 지냈으며, 그대가 하루 한끼밖에 먹지 않
는다고 들은 후 자신도 하루 한끼밖에 먹지 않았소. 그저 한결같이
붓다만을 생각하고 있었소. 붓다여, 아쇼다라는 이와 같은 덕을 갖
추고 있소」

왕족의 출가는 라훌라에서 그치지 않았다. 라훌라가 떠나면 붓다
의 이복 동생 난다 왕자가 왕위를 물려받게 되는데, 그마저 붓다의
권유로 출가하게 된다. 붓다가 카필라 성에 온 지 이틀 만이었다. 그

때 난다 왕자의 왕세자 즉위식과 동시에 자나파다칼리야니(나라에서 가장 아름다운 여자라는 뜻)와의 결혼식이 치러지고 있었다. 붓다는 식장으로 들어가 난다에게 자신이 가지고 있던 바루를 건네주고는 그 자리를 떠났다. 붓다의 바루를 받은 난다는 붓다의 마음을 읽었다. 난다는 바루를 든 채 결혼식장을 박차고 나와 붓다를 따라나서고 만다.

붓다는 왜 결혼식 도중에 난다를 출가시켰을까. 자신의 경험으로 미루어보아 결혼하게 되면 출가가 더욱 어려워지게 된다는 것을 걱정했기 때문이 아닐까. 오죽했으면 자신이 낳은 자식의 이름을 〈장애〉 혹은 〈속박〉이란 뜻을 지닌 라훌라라고 했을까.

난다의 어머니인 마하자파티도 출가하여 여승이 된다. 마하자파티는 마야부인이 붓다를 낳고 7일 만에 죽자 붓다를 친자식처럼 애지중지하며 키운 양모인데, 붓다가 출가하자 아쇼다라 비 못지않게 눈물 흘리며 슬퍼했던 여자이다. 그녀는 숫도다나 왕이 죽은 지 얼마 안 되어 코살라국의 수도 사밧티까지 먼 길을 걸어가 세 번의 간청 끝에 붓다의 허락을 받아 출가하고 만다. 따라서 마하자파티는 불교 승단에 있어서 최초의 비구니 스님이 된다. 이후에도 그녀를 따라서 출가한 여승은 자신의 딸 순다리난다와 붓다의 아내였던 아쇼다라 비 등이다.

지금 마하자파티의 후예인 한국의 비구니 스님들이 붓다 스투파를 돌고 있다. 나그네의 눈에는 한국의 비구니 스님들이 숫도다나 왕이 죽은 후 마하자파티를 따라서 출가한 석가 왕족의 여성들로 보인다. 어린 붓다를 친자식처럼 기른 사람은 양모 마하자파티였다. 불교 승단에서도 〈어머니는 강하다〉라는 금언이 실감되는 역사적 사실이다.

지금 탑돌이를 하는 곳은 붓다의 사리가 나온 사리탑이다. 그런데 〈사리〉 하면 오색영롱한 구슬을 떠올리는데 붓다의 진신사리는 말 그대로 붓다의 뼛조각이다. 붓다 스투파에서 발견된 검은빛을 띤 진신사리는 앞에서도 밝힌 것처럼 현재 델리의 국립박물관에 보관·전시되고 있고, 치아사리는 스리랑카의 불치사에 있다. 스리랑카 불치사에 보관된 붓다의 치아사리도 구슬 형태가 아니라 누런 치관과 치근이 그대로 드러나 있는 친근하고 낯익은 형태이다.

한편 카필라 성 사람들의 출가는 왕족에게만 국한된 것이 아니다. 천민인 수드라 계급의 사람들도 출가하여 비구가 되었는데, 대표적인 인물이 이발사 출신의 〈우팔리〉이다. 붓다의 사촌동생인 아니룻다와 아난이 평소에 머리를 깎아준 고마움으로 자신의 옷과 장신구를 주면서 출가하려 하자, 우팔리는 그들을 부러워한 나머지 먼저 붓다를 찾아가 비구 선배가 되어버린다. 비구의 서열은 계급이나 나이가 아니라 출가 순서를 따르기 때문이었다.

카필라 성의 붓다 스투파에서 발견된 진신사리와 사리함

붓다여, 정사 지어 보시하렵니다

붓다 모신 수닷타 장자

인도의 농촌 길을 가다 보면 길짐승으로 길러지는 코끼리를 자주 보게 된다. 대부분의 코끼리는 덩치가 워낙 커서 수레를 끌기보다는 시골 일꾼과 아이 한두 명을 널찍한 등에 태우고 다닌다. 거대한 코끼리에 맞는 수레가 있다면 집채만해야 할 터인데, 인도 농촌에는 그런 큰길이 없는 것이다.

코끼리의 긴 상아는 톱으로 잘리어 끝이 뭉뚝하다. 사람들을 언제 공격할지 모르므로 미리 톱으로 잘라냈다고 한다. 마야부인의 태몽에 흰 코끼리[白象]가 나타난 후 붓다가 탄생하셨기에 그때부터 코끼리는 불교 신도에게 상서로운 동물이 되어왔다. 그러나 운송 수단으로 이용되는 코끼리를 가까운 곳에서 보니 측은한 느낌이 앞선다.

거대한 덩치 때문인지 도끼나 망치를 들고 코끼리의 정수리를 탁

기원정사로 가는 길에서 만난 코끼리

탁 두들겨서 원하는 방향으로 움직이는 것도 야만스럽고, 영양 상태가 안 좋은지 큰 눈에 눈곱도 허옇게 끼어 더욱 불쌍한 짐승으로 여겨졌다.

인도 사람들이 가장 많이 믿는 힌두교에서도 코끼리는 비쉬누 신의 화신으로서 불교에서와 마찬가지로 신성한 짐승 중의 짐승이다. 그러나 요즘 인도 코끼리는 종교적으로는 대접받지만 현실적으로는 학대받는 동물임이 분명하다.

나그네가 기원정사로 향하면서 맨 먼저 떠올린 사람은 수닷타 장자이다. 그는 2천5백여 년 전 붓다가 사밧티에 머물 수 있도록 정사(精舍)를 지어준 불제자였다. 사밧티는 한역으로 사위성(舍衛城)이고, 정사란 우리말로 하자면 절이고, 수닷타는 〈보시를 잘하는 사람〉이란 뜻의 어원을 가지고 있다.

한역 경전에 〈급고독〉 장자라고 번역된 수닷타는 당시 코살라국의 수도 사밧티에서 상업을 크게 하여 재산을 많이 모은 이른바 대부호였다. 그런 그가 코살라국 왕자 소유의 제타 숲을 기부받아서 붓다가 머물 수 있도록 기원정사를 지어 아무 조건 없이 보시한, 『금강경』 첫 페이지에 등장하는 인물이다.

붓다는 사밧티의 기후와 풍속을 좋아했고, 순박한 사밧티 사람들을 지극히 사랑했던 듯하다. 산스크리티어로 쉬라바스티를 줄여서 사밧티라고 부르는데, 한역 경전을 보면 사위성을 배경으로 하는 일화가 수없이 많이 나오고, 실제로『금강경』이나『수능엄경』『아함경』등 많은 경전의 말씀을 남기신 장소가 바로 사위성과 기원정사이다.

붓다가 사위성에서 안거한 햇수는 유난히 길다. 적도에 가까운 인도 내륙 지방에서는 한국과 달리 하안거, 동안거가 없다. 비가 많이 오는 계절의 우안거(雨安居: 4월 15일-7월 15일까지)만 있는데, 한 안거를 보냈다 함은 1년의 수행 기간을 가리킨다.

붓다가 사밧티에서 보낸 안거는 무려 24안거, 그 중에서도 기원정사에서 보낸 안거는 19안거이다. 35세에 정각을 이룬 이후 45년 동안의 긴 교화의 여정 속에서 24안거란 붓다가 사밧티와 사밧티 사람들을 얼마나 사랑하고 보살폈는지 짐작해 볼 수 있는 햇수가 아닐 수 없다.

수닷타는 사밧티 사람들에게 〈가난한 이들에게 먹을 것을 주는 사람〉이란 뜻의 아난타핀디카라고도 불리었다. 한역『금강경』을 보면 급고독(給孤獨) 장자라고 번역되어 있는데, 고독한 사람을 도와주는 장자라는 뜻으로, 둘 다 같은 의미를 담고 있다.

수닷타가 붓다의 명성을 처음 들은 것은 그가 마가다국의 라자가하(왕사성)에 있는 그의 친척집에 머물 때였다. 마가다국은 코살라국의 남쪽에 있는 나라로, 불교 역사상 최초로 지어진 죽림정사와 수많은 붓다의 제자가 있는 나라였다. 수닷타는 불자인 친척에게 붓다의 이야기를 전해 듣고 마음을 냈다.

다음날 아침 일찍 그는 시타 숲에 머물고 있는 붓다를 찾아가 특별하게 〈보시의 공덕〉에 대한 설법을 들었다. 수닷타는 감동하여 자상한 붓다 앞에서 삼보〔佛, 法, 僧〕에 귀의하고 재가불자로서 오계를 지키겠다고 맹세했다. 수닷타는 붓다가 자신이 살고 있는 코살라국의 사밧티에 오신다면 그곳에서 편히 머물 수 있도록 정사를 지어 보시하겠다고 약속했다.

사밧티로 돌아온 수닷타는 붓다와의 약속을 지키기 위해 붓다가 머물 장소를 찾아나섰다. 마침내 그는 숲이 우거지고 동산 너머로는 강이 흐르는 수행하기에 더없이 좋은 양명한 터를 발견하였다. 그곳은 제타 태자 소유의 동산이었다. 수닷타는 왕족인 제타 태자를 찾아가 그 땅을 팔라고 사정하였다. 그러나 제타 태자는 수닷타에게 자신의 땅을 팔고 싶지 않았으므로 동산을 전부 금화로 덮으라는 조건을 내세웠다. 이렇게 실랑이가 벌어지자, 태자의 신하 중 한 사람이 중재하였다. 수닷타가 금화로 동산을 덮어가기로 하고, 제타 태자는 덮는 만큼만 팔기로 하였다.

수닷타는 자신이 가지고 있는 금화를 마차에 모조리 싣고 와 동산을 덮기 시작하였다. 그런 수닷타를 지켜보고 있던 태자가 궁금하여 물었다.

기원정사를 지어 보시한 수닷타의 스투파

「도대체 이 땅을 사들여 무엇에 쓰려고 하오?」

「이곳에 붓다를 모시려고 합니다. 깨달은 분이 이곳에 계신다면 그것은 코살라국의 영광입니다. 사밧티 사람들도 모두 붓다를 존경하게 될 것입니다」

제타 태자는 수닷타의 정성에 감동하였다. 그리하여 그는 금화를 받지 않고 수닷타에게 동산을 기부하게 되었고, 수닷타는 붓다와 약속한 대로 동산을 사들이려고 했던 금화로 기원정사를 지었던 것이다.

이런 보시 얘기는 붓다가 살아 계셨던 2천5백 년 전의 미담만은 아니다. 가슴을 훈훈하게 적시는 따뜻한 얘기는 지금도 우리 주변에 간간이 이어지고 있다. 많든 적든 자신의 전 재산을 사회 법인이나 종교 단체에 기부한 후, 자신의 이름을 숨기거나 그런 결과를 두고 당연해하는 사람들이 우리 둘레에 적잖이 있는 것이다.

기생으로 출발하여 재산을 크게 모은 어떤 할머니의 경우도 마찬가지다. 길상사가 개원하는 날 평생 모은 몇천 억의 재산을 법정스님에게 조건 없이 보시하고는 염주 한 벌을 선물받은 뒤, 사람들 앞에서 이렇게 말하는 것을 나그네는 들었다.

「저는 불교를 모릅니다. 그러니 이 자리에서 제가 할 얘기는 없습니다. 다만 저에게는 한 가지 소망이 있습니다. 저는 죄 많은 여잡니다. 이 요정을 절로 바꾸어 종각에 종을 달아 종소리를 한번 들어보고 싶습니다」

그의 말은 개원을 축하하기 위해 연단에 오른 어떤 스님의 법문보다도 감동을 주었다. 가슴을 찡하게 했다. 맑은 범종 소리에 자신의 죄업을 씻고 싶다는 그 여인. 그가 바로 서울에서 가장 큰 요정을 운영했던 대원각 주인 김영한 할머니이다.

수닷타는 기원정사를 짓고 난 후에도 붓다와 그의 제자들에게 날마다 공양을 올렸고, 늘그막에는 재산이 줄어들어 수행자들에게 잡곡이 섞인 죽을 보시할 수밖에 없었다고 한다.

한편, 고대 인도에서도 건축주의 이름을 새겨 그 공덕을 기리는 풍습이 있었음이 분명하다. 기원정사가 바로 그 한 예이다. 제타(祇陀) 태자의 숲[樹]에 급고독 장자가 동산을 닦아 정사를 세웠다고 해서 기수급고독원정사(祇樹給孤獨園精舍)라 했고, 줄여서 기원정사라 한 것이다.

나그네의 눈앞에 보이는 스투파가 바로 수닷타 장자의 집터이다. 수닷타 장자가 살던 집이 허물어지자, 수행자들이 그를 기리고자 스투파를 세운 모양이다. 비록 집은 사라지고 허물어진 스투파와 보리수 한 그루만 남아 있지만 『금강경』에 나오는 급고독 장자가 바로 저 집터에 살았다니 나그네는 그를 만난 것처럼 반갑다.

이러한 수닷타의 대가를 바라지 않는 보시는 붓다에게도 자신이 깨달은 진리를 다시 비쳐보는 거울이 되었으리라. 『금강경』을 보면 붓다가 수닷타의 조카이자 제자인 수부티(수보리)에게 이렇듯 간절하게 당부하고 있음이다.

「보살은 또 무엇에 집착하여 보시해서는 안 된다. 어떤 대상이나 생각에 팔리지 않고 보시해야 한다. 보시한다는 생각의 자취도 없어야 한다」

티없는 마음으로 보시해야만 보살 자격이 주어진다는 것이 붓다의 말씀인즉, 자신의 전 재산을 기꺼이 내어놓은 수닷타 장자나 김영한 할머니야말로 붓다의 진리를 실천한 사람이 아닐까 싶다.

붓다의 말씀을 앞뒤로 줄줄 외운다고 해서 보살이 되는 것은 아닐 터이다. 단 한 줄도 외우지 못한다 하더라도 봉사하고 희생하는 그 마음이 순수하고 진실하면 그는 이미 붓다가 말한 보살이다. 2천5백여 년 전의 수닷타 장자나 오늘의 김영한 할머니야말로 진정한 보살상을 우리들에게 보여준 사람이 아닐 수 없다.

그렇다고 눈에 보이는 것만 보시인가. 그렇지는 않다. 가난한 자가 마음을 내는 아름다운 보시도 있다. 사밧티에 흉년이 들어 굶주림이 휩쓸고 있을 때였다. 붓다가 사밧티 사람들 앞에서 말했다.

「그대 중에 누가 굶주린 자들을 위해 보시하겠는가?」

고리대금업자 라트니카는 고개를 숙이며 말했다.

「굶주린 자를 먹이자면 저의 온 재산을 털어도 부족합니다」

준비된 이들을 위하여
죽음이 없는 경계로 가는 문이 열려 있으니,
귀 있는 이들이여
너 자신을 구속하는 모든 것을
놓아버리고 안으로 들어오라.

왕의 측근인 무사 자이센도 말했다.

「저는 기꺼이 제 생명의 피를 바치겠습니다만 저의 집에는 먹을
양식이 충분치 못합니다」

거대한 토지를 가지고 있는 부자 달마팔은 한숨을 쉬었다.

「악마의 가뭄이 저의 토지를 핥아 말려버렸습니다. 저는 왕에게
세금을 낼 일도 막막합니다」

이때 수행자의 딸 수프리야가 일어났다. 그녀는 모든 사람을 향해
몸을 굽히고는 말했다.

「제가 굶주린 이들을 먹이겠습니다」

사람들이 〈어떻게?〉 하고 놀랐다. 소리치기도 했다.

「어떻게 감히 그럴 수 있겠는가?」

수프리야는 대답했다.

「저는 이중에서 가장 가난한 사람입니다. 그것이 바로 제 힘입니
다. 저는 여러분의 집집마다 제 금고와 창고를 가지고 있습니다」

이와 같이 가난한 자도 보시를 할 수 있음이다. 삶의 고통을 함께
나누는 마음이야말로 가장 큰 보시인 것이다.

참회하며 상처 치유하는 삶의 현장

아난은 붓다의 그림자 같은 존재로서, 특히 붓다 만년에는 25년 동안 시봉하였다. 붓다의 십대 제자로서 아난에게는 다문제일(多聞第一)이라는 수식어가 붙는다. 그만큼 붓다의 말씀을 많이 들은 제자라는 것이다. 여시아문(如是我聞)으로 시작되는 한역 불경들에서 나〔我〕라는 주어는 두말할 것도 없이 아난이다.

붓다의 유적지를 가보면 대부분 아난의 유적도 함께 있는데, 기원정사 경내의 보리수도 마찬가지다. 이 보리수는 아난이 붓다가 성도한 보드가야를 찾아가 그곳의 보리수 묘목을 바루에 담아와 심었다고 한다. 붓다가 기원정사를 비우실 때 수행자나 신도들이 이 보리수를 붓다로 생각하고 수행하기 위해서였다.

붓다가 열반한 후 불상이 나타나기 전까지는 보리수가 붓다를 상

아난이 붓다를 생각하며 심은 보리수

징했다는 것은 인도의 불교 유적지를 여행하다 보면 금세 알 수 있다. 붓다 열반 후 5백 년 동안은 불상이 나타나지 않고 대신 보리수가 붓다를 대신하여 경배를 받았던 것이다.

현재 기원정사가 있는 지명은 곤다Gonda 주의 사헤트 마헤트라는 곳이다. 그런데 나그네가 관심을 두는 것은 사밧티의 한역 문제이다. 사밧티를 『금강경』에서는 사위성이라 하고, 『수능엄경』에서는 실라벌성(室羅筏城)이라고 음역하고 있다.

실라벌. 우리 귀에 낯익은 단어이다. 특히 〈실라〉라는 두 음절은 〈신라〉의 국호와 너무 흡사하다. 붓다가 머물렀던 기원 전의 실라벌이 기원 후에 세워진 신라라는 국호에 영향을 주지 않았을까 추측해 본다.

『수능엄경』은 잘 알다시피 아난이 마탕가족의 한 여인〔摩燈伽女〕의 유혹에 빠졌다가 붓다에게 참회하면서 수행의 바른 방법을 일러 달라고 간청하는 내용이 담긴 경전이다. 『아함경』에도 아난과 파카타라는 여인과의 일화가 『수능엄경』의 내용과 비슷하게 등장하고 있음은 자못 흥미롭다.

붓다의 제자들 중에서 여인에 얽힌 일화가 특히 아난에게 많은데 그 이유는 무엇일까. 나그네는 지난해 여름 돈황 석굴 벽화 속에서 아난을 본 적이 있다. 벽화 속의 아난은 누구와도 친구가 될 수 있을 만큼 무던하고 편안한 얼굴을 하고 있었다. 굳이 여자가 아니라도 누구에게나 호감을 주는 용모였던 것이다.

아난이 탁발하러 거리에 나서면 사밧티 처녀들은 설레는 가슴을 진정시켜야 했다. 천민인 마탕가족의 처녀 푸라쿠리티도 그랬다. 한역『수능엄경』보다 산스크리트어의 『마탕가경』에 서술된 아난과 푸라쿠리티의 사연이 훨씬 더 자세하고 생생하다.

푸라쿠리티는 아난을 남편으로 맞아들이기 위해 주술을 잘하는 그녀의 어머니에게 부탁한다. 그러나 그녀의 어머니는 고개를 흔든다.

「내 주술은 아난처럼 세속의 욕망을 버린 수행자와 이미 죽은 사람에게는 통하지 않는다」

그래도 푸라쿠리티는 자신의 부탁을 들어주지 않으면 죽어버리겠다고 어머니에게 매달렸다. 할 수 없이 그녀의 어머니는 딸을 위해 주문을 외우기 시작했다. 그때 기원정사에서 좌선을 하고 있던 아난은 마음이 몹시 혼란스러웠다. 아난은 의아해하며 마탕가족이 사는 마을로 걸어갔다. 정신을 차리고 보니 푸라쿠리티의 집 앞이었다. 아난은 깜짝 놀라 기도를 했다.

「오, 붓다시여! 흔들리는 마음을 진정시켜 주십시오」

아난의 기도는 기원정사에 계시는 붓다의 마음에 닿았다. 붓다는 선정에 들어 푸라쿠리티 어머니의 신통을 사라지게 하였다. 방을 아름다운 꽃으로 치장하고서 아난을 기다리던 여인은 실망하였다. 다

붓다가 제자들에게 설법한 기원정사 안의 법당

시 그녀의 어머니에게 사정했지만 거절당하고 만다.

「우리 마탕가족의 주술도 붓다의 법력 앞에서는 어쩔 수 없구나」

「그렇다면 제가 직접 나서겠어요」

푸라쿠리티는 사밧티 거리에서 탁발을 나오는 아난을 기다렸나. 그러다가 아난과 마주치자 「이분은 나의 남편입니다」 하고 소리쳤다. 난감해진 아난은 붓다에게 고백했다. 그러자 붓다는 그녀를 불러오게 하였다. 붓다는 그녀에게 부드러운 음성으로 물었다.

「푸라쿠리티여, 아난과 결혼하고 싶은가?」

「붓다시여, 그렇습니다」

「네 뜻이 정 그러하다면 아난처럼 출가를 하면 어떻겠느냐?」

그녀는 출가하면 아난 곁에 있게 되는 줄 알고 그 자리에서 머리를 잘랐다. 비구니가 될 것을 맹세했다. 이에 붓다가 그녀에게 말했다.

「너는 아난을 사랑한다고 했다. 아난의 어디가 그렇게 마음에 들더냐?」

「붓다시여, 저는 아난의 눈, 귀, 코, 입, 목소리까지 모든 것을 다 사랑합니다」

그녀를 바라보던 붓다가 말했다.

「눈 속에는 눈물이, 콧속에는 콧물이, 귓속에는 귀지가, 몸속에는 똥오줌 등 더러운 것으로 가득 차 있다. 푸라쿠리티여, 그래도 아름답다고 할 수 있느냐?」

그제야 푸라쿠리티는 아난을 사랑한다고 쫓아다녔던 자신을 부끄럽게 여겼다. 그녀는 기원정사에서 붓다의 제자가 되어 마침내 누구보다도 치열하게 수행하여 아난보다 빨리 아라한이 되었다.

기원정사 숲을 거닐면서 다시 생각해 보는 아난과 푸라쿠리티의 일화이다. 기원정사를 들어서는 대부분 순례자들은 붓다의 거룩함에 눌려 친근한 붓다의 모습을 잃어버린다. 붓다는 기원정사에서 형이상학적인 『금강경』의 공(空) 사상만을 법문한 것이 아니다. 기원정사도 천 명이 넘는 수행자들이 모여 사는 공동체였으므로 눈물과 웃음이 교차되는 삶의 현장이었던 것이다.

기원정사 주위를 감싸고 있는 저 숲에서는 이런 일도 있었다. 파타찰라는 친정에 가던 중에 폭풍우 속에서 아기를 낳았는데, 그때 남편은 나뭇가지를 구하려다 독사에 물려 죽고, 또 물이 분 강을 건너가다가 강가에 뉘어놓은 갓난아기는 독수리에게, 큰아이는 엄마가 부르는 줄 알고 강에 들어섰다가 급류에 죽는다. 졸지에 남편과 두 아들을 잃은 그녀는 겨우 사밧티의 친정집에 이르게 되는데, 부모와 형제들도 간밤의 폭풍우로 집이 무너져 다 죽었다는 소식을 듣는다. 이에 파타찰라는 가족의 시신을 태우는 화장터에서 넋을 놓아버린다. 옷이 찢겨져 알몸이 된 것도 모르고 그녀는 기원정사의 숲 그늘에 이르러 붓다의 설법을 듣는다.

「파타찰라여, 어떤 생각도 하지 말라. 내가 너의 의지처가 되리라. 너는 가족을 잃어 비탄에 빠져 있지만 먼 옛날부터 지금까지 자식 잃은 부모가 흘린 눈물은 바닷물보다 더 많다. 무상한 세상에서는 자식도, 부모도, 참된 의지처는 아니다. 열반의 세계만이 진실하다」

핑키카와 파라트파차는 붓다에게 욕을 하며 대들다가 뉘우치기도 했고, 뚱뚱해진 파세다니 왕은 붓다에게 탐식하지 말라는 충고를 받고 체중을 감량하기도 했다. 영특한 수행자들도 인간이기에 실수를 하여 붓다에게 꾸중을 듣기도 했다. 아니룻다는 설법 중에 졸다가 야단을 맞았고, 논쟁을 좋아하는 제자도 침묵을 권유받았다. 크샤트리아 출신의 케마 비구니는 기원정사 옆에서 살던 중 자신의 두 눈을 빼내어 치한의 욕정을 잠재우기도 했다.

기원정사는 타고난 신분과 계급을 인정하지 않는 평등 사회를 실현하는 해방 지역이었다. 법당 앞의 저 우물물을 붓다도 마시고, 천민 푸라쿠리티도 마시고, 수닷타 장자의 조카인 수부티도 마시고, 왕비였던 마하자파티도 마셨다. 나그네가 예전에 왔을 때는 2천5백여 년 전 그대로 둥근 우물이었는데, 지금은 펌프를 설치하여 팔이 잘린 한 노인이 돈을 받으며 순례자들의 손에 물을 묻혀주고 있다. 장애자인 그는 그런 식으로 연명하고 있는데 그것도 어찌 보면 붓다의 은혜이다.

붓다가 마신 우물물을 순례객들에게 파는 노인

세상의 인물 군상을 53선지식으로 표현한 『화엄경』까지도 붓다께서 이 기원정사에서 설법하신 것을 보면 확실히 이곳은 누구라도 신분의 구별 없이 찾아와 참회하고 마음의 상처를 치유하는 그런 정사였으리라고 짐작해 본다. 요즘의 절처럼 〈이곳은 수행도량이오니 출입을 삼가 주십시오〉라고 씌어진 각박한 팻말은 없다.

원망도 증오도 없으니 용서할 것도 없네

인도 여인들은 신분에 따라서 일생이 달라진다. 상류 계층의 여인들은 지참금 없이도 결혼을 하고 집안에서 경제권을 쥐고 남편을 부리기도 한다. 그러나 하류 계층의 여인들은 지참금을 가지고 결혼하는데, 지참금이 적을 경우에는 평생 동안 구박을 받고 심지어는 학대를 견디지 못하여 자살까지 한다.

하류 계층에 남존여비 전통이 더욱 뿌리 깊은 셈인데, 여자는 남편을 하늘처럼 떠받들고 하루 종일 일에 시달린다. 농사일은 물론 땔나무도 주로 여자들이 야산으로 나가서 해오고, 멀리서 주어온 쇠똥으로 반죽을 만들어 땔감 재료로 만드는 일도 모두 여자의 몫이다.

하류 계층의 여자일수록 아이를 많이 낳는 것도 특징이다. 산모의

이마에 댄 멜빵 위에 땔감을 얹고 가는 인도 여인

영양 상태가 좋지 않으므로 신생아의 몸무게는 2kg 이하라고 한다. 그래서인지 인도 여자들은 아기를 등에 업거나 가슴에 안지 않고 옆구리 쪽의 엉덩이뼈에 얹고 다닌다. 여자의 척추를 보호하는 자세라고는 하지만 나그네가 보기에는 듣기 좋은 말일 뿐이다.

이번의 이야기는 붓다가 앙굴리마라를 교화한 일화이다. 앙굴리마라는 수닷타 장자 저택에서 기원정사 가는 길가에 살았다. 그는 처음에 500명의 제자를 둔 바라문의 수제자였다. 총명할 뿐 아니라 용모도 준수하여 스승 바라문의 아내가 몹시 연모하여 유혹할 정도였다. 그러나 앙굴리마라는 바람기 많은 그녀의 유혹을 물리쳤다. 이에 앙심을 품은 스승의 아내가 일부러 자신의 옷을 찢고는 바라문이 귀가하자 거짓으로 울면서 말했다.

「당신이 수제자라고 칭찬하는 앙굴리마라가 당신이 없는 틈을 타서 나에게 수작을 걸었습니다. 그러나 내가 거절하자 화를 내며 이같이 난폭한 짓을 했습니다」

바라문은 화가 머리끝까지 치밀었다. 그래서 그에게 벌을 내렸다.

「이 칼로 정확히 100명을 죽이고 한 명 한 명의 엄지손가락(앙굴리)을 잘라 끈으로 꿰어서 목걸이(마라)를 만들어 목에 걸고 다녀라. 그러면 너의 수행은 완성될 것이다」

스승의 말이라면 죽는 시늉까지도 하는 앙굴리마라였으므로 그는 당장 집 앞을 지나가는 행인들을 죽이기 시작했다. 마침내 99명을 죽이고 마지막으로 그를 낳아준 어머니마저 죽여서 100명을 채울 셈이었다. 그러나 이때 붓다가 나타나 그의 행동을 제지하고 불교에 귀의토록 하여 제자로 삼는다는 이야기가 그 유명한 『불설앙굴마경』에 나오는 내용이다.

현재 수닷타 집터와 기원정사 사이에 앙굴리마라 집터가 그대로 남아 있다. 집터 땔나무를 등에 진 여인들이 지나칠 뿐 한적한 농촌 길이다. 이곳 여인들은 짐을 질 때 멜빵을 이마에 메고 다니는데, 우리네 여인들이 머리에 이는 것처럼 목뼈와 목 근육의 힘을 이용하는 것이 흥미롭다.

앙굴리마라 집터 꼭대기에 원숭이 한 마리가 앉아 있다. 집을 지키는 개처럼 고개를 두리번거리고 있다. 앙굴리마라는 바로 저 원숭이처럼 집 앞에 앉아 있다가 거리를 지나가는 사람에게 달려가 죽이고는 손가락을 끊어 목걸이를 만들었으리라. 그는 붓다에게도 살의를 품고 달려들었다고 경전은 전하고 있다.

『불설앙굴마경』이 앙굴리마라가 흉악한 살인마가 된 경위를 밝히고 있다면 『중아함경』은 그가 붓다를 만나 제자가 되는 과정을 상세하게 설명하고 있다. 『중아함경』은 살인마도 본성은 선하다는 것을 이야기하고 있다.

앙굴리마라 집터 주위에 양치기들이 양떼를 몰고 있다.

붓다는 자신이 지나가는 곳에 살인마 앙굴리마라가 살고 있으므로 조심하라는 말을 들었다. 앙굴리마라는 너무 포악하여 그가 사는 곳을 지나려면 무리를 지어 다녀야 했다. 이러한 만류와 소문에도 불구하고 붓다는 그곳을 혼자 지나갔다. 앙굴리마라는 붓다가 오는 것을 보았는데, 동행한 무리가 없다는 사실에 놀랐다. 그는 붓다를 죽이려고 칼을 지닌 채 붓다 뒤로 다가갔다. 붓다는 천천히 걷고 있었지만 이상하게도 앙굴리마라는 붓다의 걸음을 따라잡을 수 없었다. 앙굴리마라는 소리쳤다.

「멈춰 서라. 은둔자여!」

붓다가 나직이 대답했다.

「나는 움직이지 않고 있다. 그대여, 그대도 멈춰 서거라」

앙굴리마라는 생각했다.

「성자들은 진리만을 말하는 줄 알았더니 이 사람은 걷고 있으면서도 서 있다고 말하는구나」

앙굴리마라가 다시 외쳤다.

「붓다여, 나에게 멈추라고 말하지만 나는 걷고 있지 않소. 걷고 있는 당신은 움직이고 있지 않다고 말하고 있소. 당신은 멈추어 있다지만 내겐 그렇게 보이지 않소」

붓다가 뒤로 돌아서면서 말했다.

「내 다리는 움직이지만 내 마음은 고요하노라. 너의 다리는 움직이지 않지만 너의 마음은 분노와 증오와 걷잡을 수 없는 욕망의 불길 속에서 쉴새없이 움직이고 있다. 그러므로 나는 움직이지 않지만 너는 움직이고 있는 것이다」

앙굴리마라는 붓다의 말에 충격을 받고 생각했다.

〈현자의 말을 들은 지가 언제였던가. 아주 오랜 시간이 흘렀건만 이 운둔자야말로 나의 마음을 꿰뚫어보고 있구나. 이 은둔자의 가르침을 믿고 광분하는 마음을 버리자.〉

그는 칼을 웅덩이에 버리고 붓다의 발밑에 무릎을 꿇고 간청했다.

「제발 저를 해탈에 이르게 하여 주십시오」

붓다는 자비로운 눈으로 그를 바라보았다.

「오너라」

붓다는 그의 간청을 받아들였다. 둘은 함께 기원정사로 갔다.

이상이 『중아함경』의 이야기이고, 이후 다른 경전에 따르면 앙굴리마라는 사밧티의 거리로 탁발을 나갔는데, 사람들이 그를 보고 달아났고 놀란 임산부가 그를 보고 기절한 사건도 일어난다. 그가 붓다에 의해 완전히 새 사람으로 태어났다는 것을 안 후에야 사람들은 그를 보고도 피하지 않았다. 오히려 원한을 품고 있던 사람들이 그에게 돌을 던져 그를 죽이고 만다. 그러나 그는 그들을 물리칠 충분한 힘이 있었음에도 불구하고 돌에 맞아 쓰러지면서 〈붓다시여, 저는 아무 원망이나 후회도 미움도 없이 평온합니다〉 하면서 열반에 들었다고 한다.

이 부분에 이르러 나그네는 붓다와 중생의 차이를 발견한다. 붓다는 원망이나 증오가 없기에 마음은 언제나 평온하다. 그러나 중생은 원망이나 증오를 버리지 못하기에 용서를 못한다.

오늘 이 시대에 2천5백 년 전의 붓다가 환생하여 오신다면 어떤 말씀부터 할까. 물론 붓다는 우리 같은 중생의 차원을 뛰어 넘어버린 진리 그 자체이다. 비로자나불, 즉 법신(法身)으로 지금도 존재하고 있다. 그러나 나그네는 이 땅에 불신과 증오가 전염병처럼 무섭게 창궐하고 있기에 참혹한 심정으로 〈붓다가 오신다면〉 하고 가정해 보는 것이다.

그때 붓다의 첫마디는 무엇일까. 그것은 바로 용서가 아닐까.

「용서하라. 해탈을 이루려면 용서하라. 내가 앙굴리마라를 용서하고 앙굴리마라가 또 돌에 맞아 죽으면서도 사밧티 사람들을 원망하지 않고 평온을 잃지 않은 것처럼 너희도 용서하라」

나그네는 감히 우울한 시대를 함께 호흡하는 사람으로서 원한과 증오를 버리는 용서야말로 해탈의 필요충분조건이라고 단언하고 싶다. 집단무의식 같은 불신의 독이 너무 넓게 퍼져 있고, 미워하는

붓다에게 귀의한 앙굴리마라 집터

마음이 병처럼 깊어져 있기 때문이다. 다시 한번 용서가 해탈이라는

것을 깨닫는다.

진실로 자유를 원하므로 행복을 경험하리라.

행복으로부터 환희가 생기며

마음이 환희에 휩싸이면 육신은 편안해지고

육신이 편안해지면 희열을 느낀다.

희열을 느낌으로 해서 너의 마음은 쉽게 집중할 수 있으며

집중함으로써 너는 사물의 실체를 바라보게 된다.

사물의 실체를 바라봄으로써 집착을 끊게 된다.

집착을 끊음으로써 너는 자유를 얻으리라.

내가 말한 진리와 계율이 너희들 스승

나그네는 붓다가 열반한 땅 쿠시나가라에서 신새벽을 맞는다. 늦은 밤에 도착하여 자는 둥 마는 둥 뒤척이다가 까마귀 소리를 듣고 밖으로 나왔다. 인도 땅에서 까마귀는 흉조(凶鳥)가 아니다. 인도 사람들에게는 까마귀도 사람과 더불어 살아가는 신의 친구이다. 사람만 신의 친구가 아닌 것이다. 집 안으로 들어온 쥐나 뱀도 신의 친구이기에 함부로 죽이거나 잡지 않는다.

붓다의 열반상을 봉안한 열반당이 짙은 안개에 가려 있다. 일교차가 심하기 때문에 대지는 늘 안개를 토해 낸다. 열반당은 석회암에 새겨진 고대인의 암각화처럼 흐릿하다. 그래도 나그네는 2천5백 년 전의 붓다를 만나러 안개 속으로 천천히 잠입해 들어가 본다. 붓다가 열반한 땅이어서 그런지 문득 슬픔 같은 것이 작은 물방울처럼 투명하게 다가온다.

8세기 초 신라승 혜초는 중국의 돈황 석굴에 남긴 저서 『왕오천축국전』에 동인도(현 캘커타)로 들어와 한 달을 걸어 붓다가 열반한 구시나국(拘尸那國)에 도착하였다고 기록하고 있다.

혜초보다 먼저 5세기 초에 다녀간 중국 승려 법현도 「불국기」「구이나갈성(拘夷那竭城)」 편에, 7세기 초 중국 승려 현장 역시 『대당서역기』 「구시나가라라국」 편에 이곳의 정황을 본 대로 느낀 대로 자세히 전하고 있다. 이른바 『왕오천축국전』, 『불국기』, 『대당서역기』 등 3대 천축국 순례기에 쿠시나가라의 풍경이 세월의 시차를 두고 전해지고 있다.

세 사람의 구법승이 남긴 기록을 종합하여 보면, 아쇼카 대왕 때 열반의 성지로 번성하였던 쿠시나가라는 기원 후부터 황폐할 대로 황폐해져 사람이 거의 살지 않는 오지가 되어버렸음이 분명하다. 숲이 우거져 길은 사라졌고, 성곽이 무너져 성에는 벽돌 조각만 나뒹굴었다. 한두 사람의 승려가 초라한 붓다의 열반 성지를 지키고 있을 뿐이었다. 혜초는 자신이 본 쿠시나가라를 이렇게 전해 주고 있다.

〈구시나국에 도착하다. 석가모니 부처님께서 열반에 드신 곳이다. 성은 황폐해져 사람이 살고 있지 않다. 부처님께서 열반에 드신 이곳에 탑이 있는데, 한 스님이 그곳을 깨끗이 청소하고 있다. 매년

8월 8일이 되면 비구와 비구니, 그리고 도인과 속인들이 모여들어 큰 불공을 드린다. 그때 공중에 깃발이 휘날리게 되는데, 그 수를 헤아릴 수가 없다. 그 광경을 보고 모여든 사람들이 불교를 믿으려고 신심을 낸다.〉

초라해진 성지를 지키는 한 스님의 모습이 생생하게 묘사되어 있는데, 바로 그 스님의 원력이 오늘의 열반당과 아쇼카 스투파와 아난 스투파를 있게 한 것이 아닐까 싶다.

붓다는 금세공인의 아들 춘다의 공양을 받고 병을 얻는다. 심한 복통은 열반의 원인이 되었다. 그런데 붓다는 왜 아픈 몸을 이끌고 이곳 쿠시나가라까지 와서 열반에 들었을까. 이에 대한 궁금증을 붓다는 팔리어 경전인 『마하파리 니르바나』에서 다음과 같이 밝히고 있다.

붓다가 아난에게 말했다.

「자, 아난이여! 우리들은 이제부터 히란냐바티 강의 맞은편 언덕, 쿠시나가라 언저리의 〈붓다가 태어난 곳〉인 사라나무 숲으로 가자」

「잘 알았습니다. 붓다시여」

여기서 쿠시나가라가 〈붓다가 태어난 곳〉이라니 의미심장하지 않

붓다의 열반상이 봉안되어 있는 열반당

을 수 없다. 누구나 의심의 여지 없이 붓다가 태어난 곳을 룸비니 동산으로 알고 있기 때문이다. 그러나 결론적으로 말해서 이상할 것은 없다. 붓다는 전생에 이곳 쿠시나가라에서 여섯 번이나 전륜성왕으로 태어났다고 아난에게 말한 적이 있다. 그렇다. 깨달음을 언어 붓다가 된 싯다르타가 전생의 고향으로 돌아온 것이라면 자연스러운 귀향이 아닐 수 없다.

이어서 한역 『대반열반경』 즉 『마하파리 니르바나』는 붓다의 열반 과정을 다음과 같이 전하고 있다.

붓다는 쿠시나가라 언저리의 사라나무 숲에 도착하자마자 아난에게 말한다.

「아난아, 이 한 쌍의 사라나무 사이에 머리가 북쪽이 되도록 자리를 준비하거라. 나는 너무 지쳤으므로 누워서 쉬고 싶다」

「잘 알겠습니다. 붓다시여」

아난은 복통을 견디어낸 붓다가 원하는 대로 자리를 준비하였다. 그러자 붓다는 오른쪽 허리를 아래로 하여 발을 겹치고 사자가 눕는 듯한 모습으로 바르게 사념하고, 의식을 보전하여 누웠다.

이것이 바로 붓다가 자신의 열반을 담담하게 기다리는 모습이다. 아난은 더 이상 슬픔을 억누르지 못하고 누워 있는 붓다 곁을 잠시 떠나 사라나무 가지를 붙잡고 비통하게 눈물을 흘리고 만다.

「나는 깨달음을 얻지 못하여 아직도 수행하고 있는데, 가르침을 주시던 붓다께서 열반에 드시려 하는구나」

아난이 곁에 없는 것을 안 붓다는 한 제자에게 울고 있는 아난을 불러오게 한 다음 다시 당부한다.

「아난아, 슬퍼하지 말아라. 예전에 내가 이와 같이 가르치지 않았더냐. 〈사랑하는 사람, 절친한 사람과도 반드시 헤어지지 않으면 안 된다. 살아 있는 자는 모두 사라지지 않음이 없다.〉 아난아, 너는 오랫동안 자애로운 행동과 말과 마음을 가지고 내 곁에서 시중을 들었다. 너는 더없는 공덕을 쌓았다. 더 정진하라. 너도 머잖아 아라한의 경지에 도달할 것이니」

붓다는 숨이 꺼져가는 동안에도 사랑스런 아난을 위해 한마디 충고를 더한다.

「아난아, 너는 지금 〈스승의 가르침은 이제 끝났구나. 우리들에게는 더 이상 스승은 없구나〉라고 생각하고 있는 듯하구나. 아난아, 내가 열반한 뒤에는 내가 설했던 진리와 계율이 너희들의 스승이다」

A.D. 5세기경으로 추정되는 열반당에 누워 있는 붓다의 열반상은 약 6.1미터의 크기로, 모래와 진흙으로 만들어져 있다. 침상격인 기단부에는 머리와 중앙, 그리고 무릎 부분에 각각 세 명의 인물이 새

겨져 있다. 머리 부분은 코살라국 국왕의 부인 말리카이고, 중앙 부분은 열반상을 기부한 승려 하리발라이고, 무릎 부분은 아난이다. 또 말리카와 아난, 춘다라는 설도 있는데, 붓다를 열반에 들게 한 춘다가 새겨졌다는 것은 아무래도 납득이 안 간다. 그래서 춘나 대신 붓다를 끝까지 치료한 이른바 주치의였던 지바카라는 설도 있다. 열반상에는 〈마하비하라의 승려 하리발라가 기부한 금으로 딘Din에 의해 조성된 것〉이라는 명문이 있다.

그런데 인도에는 붓다의 겹쳐진 발가락을 보고 열반한 붓다Dead Buddha인지, 수면중인 붓다Sleeping Buddha인지 구별한다. 옆으로 누운 자세에서 두 발의 발가락 끝이 엇비슷하고 눈을 뜨고 있으면 데드 붓다이고, 두 발의 끝이 수직을 이루고 눈을 감고 있으면 슬리핑 붓다라는 것이다. 수면하는 상은 스리랑카 절에 많고 나그네도 여러 번 보았다.

나그네도 아난처럼 열반당 앞에 서 있는 사라나무를 붙잡는다. 아난이 붙들었던 2천5백 년 전 바로 그 사라나무의 자손이다. 그 자손의 손자이다. 사라나무가 한 쌍이기에 사라쌍수라 부르는데, 안개에 젖은 나뭇가지는 아난의 눈물이 베인 듯 촉촉하다.

아난은 붓다가 열반에 들 때까지도 기쁨과 슬픔을 초월하지 못한 수행자였다. 아라한의 경지에 이르지 못했기 때문에 마하카샤파(마하가섭) 같은 다른 제자들과 달리 눈물을 마구 흘렸던 것이다. 나그

붓다의 열반상

네 역시 아난의 입장이었다면 비통한 심정에 빠져 흐르는 눈물을 어쩌지 못했을 것 같다. 붓다의 열반상을 돌아서려다 다시 대하니 가슴이 아릿해진다. 그러나 붓다는 나그네에게 나직하게 말한다. 붓다는 나 하나로서 족하니 나를 의지하지 말고 〈자기 자신을 등불 삼고 진리를 등불 삼아라〔自燈明 法燈明〕〉라고. 진리를 깨달으면 그대 자신이 붓다라고. 그대 안에 숨은 붓다를 찾아내라고.

　열반당을 나와 아쇼카 스투파를 지나니 붉은 벽돌의 아난 스투파가 있다. 죽어서도 붓다를 지극 정성으로 변함없이 모시는 아난이다. 이에 감동하는 한 순례자가 헌화를 한다. 제단에 놓인 소박한 맨드라미꽃 한 송이가 너무나도 아름답다. 햇살이 숲을 뚫고 들어와 눈을 시리게 하는 아침이다.

과거의 일을 알고 싶다면
너를 있게 한 것을 알고 싶다면
현재의 너를 보라.
현재는 과거의 결과이다.
미래를 알고 싶다면
현재의 자신을 보라.
현재가 미래의 원인이기 때문이다.

쇠락해 버린 2천5백 년 전 최고 문명 도시

바이샬리는 드넓은 평야를 가지고 있는데, 우기가 되면 강물의 범람으로 절반 가량이 물에 잠겨버린다. 따라서 조그만 둔덕 같은 곳에는 작은 숲이 있긴 하지만 나무가 드물 수밖에 없다. 나무가 귀하기 때문에 조문을 갈 때 돈 대신 귀한 나무를 들고 가는 풍속도 생겨났다.

이처럼 나무가 드문 환경에서 쇠똥은 농촌의 인도인들에게 최고의 땔감이 되고 있다. 쇠똥을 만지는 인도 여인을 보면 더러움과 깨끗함을 초월해 버린 듯하다. 물에다 쇠똥과 풀을 썰어 넣어 밀가루 반죽하듯 이긴 다음, 그것을 조금씩 벽에 발라 말리기도 하고, 벽돌처럼 찍어 동산에 널어놓기도 한다. 바짝 마른 쇠똥의 화력은 아주 강하다. 몇 조각만 태워도 항아리의 물을 끓이고 주식인 밀전병

바이샬리 여인이 땔감인 쇠똥을 말리고 있다.

같은 짜파티를 구울 정도인 것이다.

바이샬리는 붓다가 머물 당시는 베살리로 불렸으며 한역 경전에는 비야리성(毘耶離城)으로 나온다. 대승경전으로 널리 알려진 한역 『유마경』에도 비야리성으로 음역되어 있다. 유마힐은 잘 알다시피 재가불자로서 출가하지 않고도 성불을 이룬 거사(居士)이다.

『유마경』의 내용도 특이하여 붓다의 십대 제자들이 병든 유마힐을 문병 가서 법담을 나누는데, 조금도 밀리지 않는 유마힐의 경지를 담고 있다. 특히 『유마경』의 제5장 「문수사리문질품」에서 유마힐은 〈중생이 앓기 때문에 나도 앓는다〉라는 대자대비를 상징하는 유명한 말을 남기고 있다.

나그네가 십여 년 전에 왔을 때는 그야말로 궁벽한 농촌이었는데, 지금의 바이샬리는 많은 변화를 겪고 있는 듯하다. 아쇼카 석주가 있는 붓다 스투파로 가는 길목에도 예전에 없던 상점들이 들어서 있다.

붓다가 머물 때의 베살리는 인도 북부에서 가장 번화한 곳이었다고 한다. 이 지방 사람들은 상업이나 무역에 뛰어난 수완을 발휘하여 다른 지역 사람들보다 풍족하게 살았으며, 정치도 전제군주 형태가 아니라 진보적인 공화제를 채택하여 여느 도시들보다 생동감이 넘쳐났던 것이다. 요즘 말로 하자면 산업 활동이 활발하였고, 일인당 소득이 다른 어느 곳보다 높았던 도시였다.

붓다는 이러한 베살리의 자유로운 분위기와 활기를 사랑하였던 듯하다. 제자들과 함께 베살리에 여러 번이나 와 머물렀고, 열반에 들기 바로 전에도 이곳을 거쳐 쿠시나가라로 떠나면서 제자들에게 〈이번 길이 내가 베살리를 보는 마지막 길이 될 것이다〉 하고 아쉬움을 나타내셨다.

요즘도 신도시가 건설되면 돈이 모여들어 유흥가가 먼저 자리를 잡아 나중에는 사회 문제화되는 것처럼 2천5백 년 전의 베살리도 마찬가지였던 듯하다. 베살리에는 실제로 미모의 유녀(遊女)들이 많은 재산을 모아 위세를 떨쳤던 흔적이 역력하다. 당시 유녀들은 사회적인 필요에 의해서 생겨난 것으로 짐작된다. 베살리를 찾은 외지인들과 장사나 무역을 잘 성사시키려면 여자의 역할이 남성 못지않게 필요했기 때문이다. 따라서 유녀들은 일정한 신분과 능력을 인정받고 활동하였다.

베살리의 대표적인 유녀로 아름다운 암바팔리가 있었다. 『중부경전』이나 『대반열반경』에 나오는 내용을 참고 삼아 그녀의 출가기(出家記)를 꾸며보면 이렇다.

망고나무 아래에 버려져 있는 갓난아이를 망고나무 일꾼이 발견하였다고 해서 암바팔리로 불렸는데, 그녀는 성장하면서 빼어난 미모의 여인이 되었다. 베살리는 물론 먼 도시에서 구혼을 해올 정도로 암바팔리의 미모는 소문이 났다. 결국 그녀는 어느 남자에게도 가지 않고 자의반 타의반으로 유녀가 되었다. 유녀가 되고 나자, 부자들이 더욱 그녀에게 다가가 돈을 바쳤고, 그녀는 베살리에서 큰 부자가 되었다.

그때 붓다는 베살리의 부근 코티가마에 머물고 있었다. 평소 붓다를 존경해 오던 암바팔리는 마차를 타고 코티가마로 가서 붓다의 설법을 청했다. 붓다는 기꺼이 그녀를 위한 법문을 설해 주었다. 여기서도 신분의 귀천을 인정하지 않는 붓다의 평등 사상을 엿볼 수 있다. 당시 바라문들은 유녀인 그녀를 멀리했으나 붓다는 외면하지 않았던 것이다. 그러자 그녀는 베살리에 있는 그녀의 집에서 공양을 올리고 싶다고 간청했다.

「붓다시여, 내일 아침 저희 집에서 수행자들께 공양을 올리고 싶습니다」

붓다의 허락을 받은 그녀는 기쁜 마음으로 돌아올 수 있었다. 그런데 그녀가 탄 마차는 베살리의 길 한 모퉁이에서 릿차비족 젊은이들이 탄 마차와 부딪쳤다. 요즘으로 치자면 교통이 혼잡한 거리에서 자동차 접촉 사고를 일으킨 셈이었다.

뜻하지 않은 일로 늦게 귀가한 암바팔리는 공양 준비로 그날 밤을 꼬박 세웠다. 날이 밝자 붓다와 그 제자들은 암바팔리의 집으로 와 공양을 받았다. 붓다가 공양을 마치고 바루와 손을 씻고 나자 암바

과거에 얽매이지 마라.
미래에 몰두하지 마라.
과거는 더 이상 존재하지 않고
미래는 여기 아직 없기 때문이다.
있는 그대로 사물을 깊게 바라봄으로써
이 순간에, 여기에서 지금
구도자는 고요하고 자유로운 삶을 산다.

팔리는 무릎을 꿇고 말했다.

「붓다시여, 저는 이 망고 동산을 교단에 기부하겠나이다」

이에 붓다는 이렇게 말한다.

「암바팔리여, 이 세상에는 두 가지의 기쁨이 있소. 하나는 받는 기쁨이고, 다른 하나는 주는 기쁨이오. 그대는 이제 받는 기쁨에서 주는 기쁨의 뜻을 알게 되었소」

두말할 것 없이 승속을 떠나 누구로부터 무엇을 받는 기쁨은 크다. 그러나 조건 없이 주는 기쁨은 더욱 큰 법이다. 아무런 이해타산 없이 주는 보시 행위야말로 큰 기쁨의 원천이고 자신을 깊어지게 하는 공덕인 것이다.

마침내 자신의 전 재산을 교단에 기부한 암바팔리는 출가하여 비구니가 되었고, 수행을 잘하여 훗날에는 아라한의 경지에 이르렀다고 경전은 전한다.

그런데 유녀들은 나중에 성적으로 타락하여 지탄의 대상이 되기도 한다. 유녀뿐만 아니라 물질적인 풍요를 누리며 살던 베살리 사람들이 타락의 길을 걷자, 붓다는 출가 전 아내와 세 번이나 잠자리를 같이한 베살리 출신의 비구승 수딘나의 행위를 놓고 강하게 꾸짖는다. 붓다의 꾸짖음은 사실 베살리 사람들을 향한 것이었다.

「차라리 남근을 독사의 아가리에 넣을지언정 여자의 몸에는 대지 말라. 이와 같은 인연은 악도에 떨어져 헤어날 수 없기 때문이다. 애

가장 완벽하게 보존된 바이샬리의 아쇼카 석주

욕은 착한 법을 태워버리는 불꽃과 같아서 모든 공덕을 없애버린다」

　나그네는 지금 아쇼카 석주가 있는 곳을 들어서고 있는 중이다. 인도 전역을 통틀어 가장 완벽하게 보존되고 있는 아쇼카 석주이다. 물론 이 기념물도 기원전 250년경 아쇼카 왕이 붓다의 그림자를 좇아 베살리를 순례하며 세운 것이다. 과연 이곳의 아쇼카 석주는 기다란 돌기둥이나 늠름한 사자상(獅子像)이 기원전의 모습 그대로이다.
　돌사자의 눈은 붓다가 열반한 쿠시나가라를 응시하고 있다. 아쇼카 왕이 가장 존경했던 붓다의 교단을 수호하겠다는 의지가 아닐까 하고 생각해 보지만 확인할 길은 없다. 석주 옆에는 붓다 스투파가 있다. 또 붓다가 이곳에 왔을 때 원숭이들이 붓다의 바루를 가지고 나무 위에 올라가 꿀을 따 공양하고 붓다가 목욕을 할 수 있도록 연못을 팠다고 하는데, 그 연못의 위치와 꿀을 공양한 곳의 정확한 위치는 알 수가 없다. 그래도 『잡아함경』이나 현장의 『대당서역기』 기록에 의하면 대림정사(大林精舍) 안에 원숭이들이 붓다를 위해서 판 원숭이연못이 있고, 연못 옆에는 선재동자가 53선지식을 찾아 나서는 『화엄경』의 「입법계품」을 설하신 중각강당(重閣講堂)이 있었다고 하니 사실인 것만은 분명하다.
　그런데 나그네의 머릿속을 맴도는 미스터리는 그런 것이 아니다. 유적지의 위치가 아니라 줄곧 떠나지 않는 상념은 바로 이런 것이다.

2천5백 년 전 인도에서 가장 문명이 발달하였던 베살리가 오늘날 가장 못사는 곳으로 전락한 이유는 뭘까. 불가사의한 역사의 수수께끼가 아닐 수 없다. 혹시 그 이유가 붓다의 꾸지람처럼 베살리 사람들의 성적 탐닉과 타락에 있었는지도 모른다. 성적으로 타락한 로마가 하루아침에 멸망한 것처럼. 성의 도덕적 건강과 타락이 흥망성쇠의 저울이라면 번영을 누리던 베살리의 실종은 오늘 우리들에게 보내는 무서운 경고인 셈이다.

진리를 보는
자리

불세출의 고승 키워낸 불교 요람

나란다 대학 유적지를 들어서자마자 마음이 한없이 평온해진다. 들끓던 번뇌가 갑자기 소멸해 버리는 느낌이다. 문득 공부가 하고 싶어진다. 이 무슨 심적인 변화인가. 학창 시절 공부라 하면 갑자기 졸리고 흥미를 잃던 나그네가 아니던가.

나란다 대학을 거쳐갔던 기라성 같은 고승들의 혼이 배어 있어 그런가. 중국 승려 의정(義淨)이 저술한 『대당서역구법고승전』에는 나란다 대학에서 공부하던 신라 출신의 고승들도 나온다. 이분들의 이름을 부르지 않을 수 없다. 먼저 아리야발마(阿離耶跋摩) 스님이 눈에 띤다.

〈아리야발마는 신라 사람이다. 당 태종 정관 연간에 장안의 광업을 떠나 인도에 와서 불교의 정법을 추구하고 성스러운 불교 유적을 몸소 순례하였다. 나란다 대학에 머물면서 불교 윤리의 율과 이론의 학문인 논을 익히고 여러 가지 불경을 간추려 베꼈다. 슬픈 일이다. 돌아올 마음이 많았으나 그것이 이루어지지 못하였다. 동쪽 끝인 세귀(鷄貴: 신라)에서 나와 서쪽 끝인 용천(龍泉: 나란다 대학)에서 돌아가셨다.〉

두번째로 혜업법사(慧業法師)에 대한 기록도 보인다.

〈혜업법사는 신라 사람이다. 정관 연간에 서쪽 나라(인도)로 가서 보리사에 머물면서 성스러운 불교 유적을 순례하고 나란다 대학에서 오랫동안 강의를 듣고 불서를 읽었다.

일찍이 나(의정)는 당나라 불서를 조사하다가 우연히도 양섭론(梁攝論) 끝에서 '불치목(佛齒木) 나무 밑에서 신라승 혜업이 베껴서 적었느니라'라는 글을 본 일이 있어, 나란다 대학 스님에게 물어보았더니 혜업은 이미 이곳에서 세상을 떠났다고 하며 나이는 예순에 가까웠다고 한다. 그가 베꼈던 책은 모두 나란다 대학에 보관되어 있다.〉

물론 혜초도 이곳 스님들과 당당히 논쟁을 벌이며 공부를 하였었

혜초가 들렀던 나란다 대학. 지금은 흔적조차 남아 있지 않다.

다. 중국의 구법승 현장도 10년 동안 유식학 등을 배우고 중국으로 귀국하였다. 진리를 향한 구도의 혼불이 아직도 붉은 벽돌 곳곳에 배어 있어 나그네에게 전해지고 있는 것인가. 〈이런 곳이라면 한번 깊이 공부를 하고 싶다〉라는 생각이 샘물처럼 솟아오른다.

나란다 대학 유적지는 원래 붓다가 열반을 준비하기 위해 쿠시나가라로 가던 중 3개월 동안 머물렀던 아담한 망고 동산이었다. 붓다가 좋아했던 조그만 망고가 노랗게 익어가는 동산이었던 것이다.

이후 기원전 250년경 아쇼카 왕이 나란다에 있는 사리푸트라(사리불) 스투파에 참배한 후 나란다 사원을 건립하였던 것이 나란다 대학의 기원이 된다. 사리푸트라 스투파를 나란다에 세운 것은 나란다가 사리푸트라의 고향이자 그가 열반한 곳이기 때문이었다.

사리푸트라는 붓다가 활동하는 동안 교단을 이끌었던 핵심적인 제자였다. 어린 시절 그의 친구는 신통제일의 목갈랴야나(목건련)였고, 처음에는 두 사람 모두 회의론자 바라문인 산자야를 스승으로 삼아 수행하다가 나중에 붓다를 만나 마음의 문이 열렸다.

사리푸트라가 붓다를 찾아가기 전, 붓다의 제자 앗사지〔馬勝〕로부터 〈이것이 있으므로 저것이 있고, 이것이 없으므로 저것이 없다. 마치 두 개의 볏단이 서로 의지해서 존재하듯이 이 세상의 이치도 그러하다〉라는 연기법을 전해 듣고서 발심했다고 한다.

현재 사리푸트라 스투파 주위에는 수많은 봉헌탑들이 겹겹이 세

나란다 대학의 시원이 된 사리푸트라 스투파

워져 있는데, 불도들의 사리푸트라에 대한 존경심을 엿볼 수 있는 조형물이 아닐 수 없다. 왕릉 같은 반원 형태의 탑이 어느새 세월이 흘러 피라미드 모양으로 바뀐 것은 흥미롭다.

A.D. 2세기경에는 대승불교사에 찬연히 빛나는 나가르주나〔龍樹菩薩〕가 일곱 살의 어린 나이로 나란다 사원에 들어와 수십 년의 정진 끝에 고승이 되었으며, A.D. 5세기경에는 유식학을 완성한 아상가〔無着〕와 바수반두〔世親〕 등 우리 귀에 익숙한 불세출의 고승들이 나란다 사원에서 연구에 몰두하였고, 이후 6세기 초부터 중반까지 수백 동의 가람이 세워져 나란다 대학은 종합대학의 기능을 갖추게 되었다.

현장이 그곳에 갔던 A.D. 637년 무렵은 나란다 대학의 전성기로 이곳을 통치하던 하르샤 왕조의 왕 하르샤 바르나다가 나란다 사원에 어마어마한 크기의 청동대불을 세우고 역시 청동으로 된 사원을 건립하였다고 전해진다. 하르샤 왕조의 왕들은 1백여 마을의 세금을 나란다 대학에 공양물로 보냈으며, 쌀과 버터와 우유는 2백여 세대로 하여금 보시하도록 조치하여 나란다 대학의 스님들은 아무 걱정 없이 학문에만 열중할 수 있었으니, 지금으로 치면 전학년 장학생의 국립대학이었던 셈이다.

이때 나란다 대학의 규모는 학생 스님이 1만여 명, 교수 스님이 2천여 명으로 대학의 부지는 가로 11킬로미터, 세로 5킬로미터에 이르렀으니 세계 최대의 명문 대학이었다고 할 수 있다. 시설도 사원과 강당, 지하 선원, 지하 도서관, 노천극장, 계단 교실, 공동 식당, 음식 창고, 운동장, 산책로 등 다양하게 조성되어 스님들의 구도심을 돋우었으리라.

이러한 나란다 대학이 파괴된 것은 1199년 무슬림의 침공 때문이었다. 미처 피신하지 못한 승려들은 무슬림에 의해 죽고 대학의 모든 시설들과 장서들이 3개월 동안 연기를 내며 불탔다고 전해진다.

그러나 나란다 대학을 거쳐간 스님들의 혼만은 침략자들도 어쩌지 못했을 것이다. 나그네는 스님들이 기거하던 방을 지나면서 그들이 진지하게 토론하는 소리를 듣는다. 한 방에는 신입생 스님과 선배 스님이 동거하도록 침대 두 개가 마련되어 있다. 불꽃 튀는 논쟁이 전개될 때도 있고, 달이 휘영청 밝은 밤에는 두런두런 서로의 고향 얘기도 나누었을 것이다. 혜초도 방을 함께 쓰던 한 수행자와 이런 저런 한담을 주고받았으리라.

「스님네 나라를 신라라 하지 않고 왜 중국 스님들은 계귀라고 부릅니까」

「닭의 신을 받들어 모시기에 계귀라 하고, 실제로 우리나라 신하들은 새 날개털을 모자에 꽂아 장식하기도 합니다」

「그렇다면 우리 인도 말로는 쿠꾸타(닭)에 이싸라(귀하다)가 합쳐

지니 쿠꾸타이싸라입니다」

　나란다 대학에 입학하려면 구두시험을 통과해야 하는데, 현장의 『대당서역기』를 보면 학문이 깊은 사람에게도 입학 자격이 까다로웠음을 알 수 있다.

　〈외국이나 다른 지역의 스님으로서 이곳의 토론 자리에 끼여 힐문을 당하고는 자기 나라로 돌아가는 자가 많은데, 학문과 지식이 고금에 통달한 스님만이 비로소 입학할 수 있다. 학문이 깊은 후진의 학자 스님도 유학하러 왔다가 열 사람 중 일고여덟 명은 물러가기 일쑤이며, 나머지 두세 명의 해박한 스님도 이곳 스님들의 날카로운 질문 공세에 꺾여 자신의 명성을 실추당하지 않는 사람이 없었다.〉

　대학의 위상을 이용하는 사기꾼도 나타났다. 일부 사람들이 나란다 대학에서 유학하였다고 거짓말을 하고 다니면서 어디서나 정중한 대접을 받았다고 하니 이른바 학위 사칭이 아닐 수 없다.
　이런 명문 대학에 우리 수행자들이 와서 당당하게 어깨를 겨뤘다고 하니 그분들의 후배가 되는 나그네는 힘든 여정이지만 힘이 솟는다. 현재까지 발굴된 것은 전체 유적지의 10분의 1 정도라고 하는

나란다 대학의 중심이었던 법당 자리

데, 나그네의 짐작으로는 100분의 1밖에 안 된 것 같다. 무슬림이 이곳을 침략하여 파괴했을 때, 시설물과 장서가 3개월 동안 연기를 피워올렸다는 기록이 있고 보면 가히 그 규모가 연상되는 것이다.

나란다 대학의 유적지를 나서는 나그네에게 문득 떠오르는 고승이 한 사람 있다. 나란다 대학 전성기 때의 수행자로서 바로 나란다 대학 학장이었던 나로빠이다. 무슨 꽃이라도 만개한 꽃은 화려한 법이다. 그러나 꽃은 사람들이 향기에 취해 있을 때 훗날의 씨앗을 준비한다. 나란다 대학이 수많은 학자를 배출하던 때 붓다의 대승사상 연구는 절정에 달해 있었다. 그러나 나로빠 학장은 그 절정에 취해 있지 않았다. 남몰래 회의했다. 지식과 관념만으로는 붓다의 깨달음에 이를 수 없기 때문이었다.

그는 2천5백 년 전의 붓다 정신으로 되돌아갈 것을 결심했다. 붓다는 결코 철학자나 사상가가 아니라는 생각이 들었기 때문이다. 붓다는 이렇게 말했다.

「나는 철학자가 아니다. 나는 오히려 인간의 아픔을 치유하는 의사이다」

붓다의 정신은 진리를 배우고 토론하는 형이상학이 아니라 고통스런 삶을 살고 있는 인간을 직시하고 그들과 함께하고 그들을 구원하는 것이었다. 회의에 빠진 나로빠는 어느 날 학장직을 미련 없이 버리고 삶의 거리로 뛰어들었다. 그는 자신의 신분을 감춘 채 스승을 찾아 인도 전역을 떠돌았다.

마침내 그가 만난 사람은 왕족 출신인 한 야인이었다. 그 야인은 건달이었다. 낮에는 깨를 갈아 팔고 밤에는 술집에서 창녀들의 포주 노릇을 하고 있었다. 도무지 깊이를 알 수 없는 건달인 그의 이름은 틸로빠였다. 당대 최고의 지성 나로빠는 뜨거운 가슴으로 사는 틸로빠에게서 참으로 인간적인 체취와 향기를 맡았다. 나로빠는 그의 제자가 되었다.

틸로빠는 나로빠가 가진 지식과 편견을 온갖 경험과 시련을 통하여 하나하나 벗겨버렸다. 그것이 그의 유일한 가르침이었다. 나로빠는 틸로빠의 가혹한 가르침을 견디지 못하고 자살을 생각해 보기도 했다. 그러나 고통이 큰 만큼 나로빠의 가슴은 더욱 뜨거워졌다. 남의 지식으로 가득 찼던 머릿속이 텅 비워지자 가슴에서는 지혜의 눈이 열렸다. 바로 그것이 그가 그토록 찾아 헤맸던 해탈의 노래였다.

그렇다. 붓다는 형이상학적 문제에는 관심을 두지 않았다. 고통스런 삶의 문제를 해결하는 데 직접적으로 도움이 되지 않기 때문이었다. 붓다는 『중아함경』에서 다음과 같이 가르치고 있다.

붓다가 사밧티의 기원정사에 계실 때였다. 말룽캬 비구는 홀로 조용한 곳에 앉아 이런 생각을 했다.

「세계는 영원한 것인가, 유한한 것인가. 생명이 곧 육체인가, 아닌가. 여래에게는 최후가 있는가, 없는가. 왜 붓다는 이런 말을 전혀 하지 않는 것일까. 오늘은 찾아가 한번 따져보리라. 세계가 영원한 것이 아니라면 붓다를 비난해 주고 떠나리라」

해가 질 무렵 말룽캬는 붓다를 찾아갔다. 아까 혼자서 속으로 생각한 일들을 대강 말하고 이렇게 덧붙였다.

「붓다께서는 저의 이러한 생각 자체에 대해서도 진실한 것인지 허망한 것인지 말씀해 주십시오」

그러자 붓다가 물었다.

「말룽캬여, 내가 이전에 세계는 영원하다고 말했기 때문에 너는 나를 따라 수행해 왔느냐?」

「아닙니다」

「그 밖의 의문에 대해서도 내가 이전에 이것은 진실하고 다른 것은 허망하다고 말했기 때문에 나를 따라 수행해 왔느냐?」

「아닙니다」

「너는 참으로 어리석구나. 그런 문제에 대해서는 내가 일찍이 너에게 말한 일이 없고 너도 내게 말한 일이 없는데, 너는 어째서 부질없는 생각으로 나를 비난하려 드느냐?」

말룽캬는 할말이 없었지만 의문은 여전히 가시지 않았다. 붓다는 여러 수행자들을 향해 말했다.

「어떤 사람이 독 묻은 화살을 맞아 견디기 어려운 고통을 받고 있

154

을 때 그 가족들은 곧 의사를 부르려고 했다. 그런데 그는 〈아직 이 화살을 뽑아서는 안 되오. 나는 먼저 나를 쏜 사람이 누구인지, 성은 뭐고 이름은 뭐라 하며 어떤 신분인지 알아야겠소. 그리고 그 활을 뽕나무로 만들었는지 물푸레나무로 만들었는지를 알아야겠소. 또 화살 깃이 매털로 되었는지 닭털로 되었는지도 먼저 알아야겠소〉라고 한단 말인가. 이와 같이 따지려고 든다면 그는 그것을 알기도 전에 온몸에 독이 번져 죽고 말 것이다」

그제야 말룽캬의 의문이 다 해소되었다.

붓다는 현실의 삶을 독 묻은 화살에 맞아 고통받고 있는 것에 비유하고 있다. 그렇다면 견디기 어려운 고통 앞에서 무엇이 시급한 일인지는 분명하다. 고통의 원인과 결과를 두고 논쟁을 벌이는 것이 아니라 무엇보다 먼저 고통으로부터 벗어나는 것이리라. 당대 최고의 지성 나로빠가 나란다 대학 학장직을 버리고 거리로 나온 이유도 바로 그것에 다름 아니다.

교단 뿌리내린 정사, 경과 율을 집대성한 굴

죽림정사(竹林精舍)는 붓다가 최초로 기증받은 정사이다. 카란다가 땅을, 빔비사라 왕이 정사를 지어 붓다가 머물도록 했다. 구(舊) 왕사성에 지금도 정사 터가 있지만 붓다가 살아 계실 때의 모습은 사라진 것 같다. 조잡한 법당이 하나 있고, 붓다가 열반에 들었을 때 말라버렸던 카란다 연못이 복원되어 있다.

이곳을 찾은 나그네에게 죽림정사 터임을 확인시켜 주는 것은 대나무 숲이다. 대나무 숲에 정사를 지었다고 해서 죽림정사라고 했으니까. 인도의 대나무는 우리의 것과 다르다. 우리나라 대나무는 곧고 껍질이 매끈한 데 비해, 이곳의 것은 휘어져 있고 마디가 거칠다. 멀리서 보면 마치 넝쿨 식물이 얽혀 있듯 보이기도 한다.

죽림정사의 또다른 의미가 있다면 이곳에서 마하카샤파와 사리푸

붓다가 머문 죽림정사의 대나무 숲

트라, 목갈랴야나를 비롯한 많은 현자들이 붓다에게 귀의하여 초기 교단의 뿌리를 깊게 내렸다는 점이다. 특히 사리푸트라와 목갈랴야 나는 어린 시절 코흘리개 친구로서 출가한 후에도 우정을 나눈 붓다 의 제자이다. 이들이야말로 진리를 함께 탐구하는 친구, 영원한 행 복을 함께 나눈 진정한 도반(道伴)이 아닐 수 없다.

새로운 종교나 문화가 편입될 때는 저항이 있게 마련이다. 마가다 국 사람들이 속속 불교 교단에 출가하자 바라문들의 반발이 생겨났 다. 이른바 기득권 세력의 불만이었다. 더구나 바라문들은 가문의 번성을 중요하게 여기는 데 반해서 붓다는 자신들의 자식을 비구로 만들어 가문을 단절시키려 했다는 점도 불화의 원인이 되었다.

그런 이유로 바라문들은 붓다를 거세게 비난하였다. 바라문 앗코 사카 바라드바자도 마찬가지였다. 앗코사카란 〈욕을 한 사람〉이란 뜻을 담고 있는데, 앗코사카 바라드바자가 결정적으로 화가 난 것 은 가정밖에 모르던 착한 아내 다난자니가 붓다에게 귀의한 사실 때 문이었다. 한역 『잡아함경』을 보면 다음과 같이 자세히 나와 있다.

마가다국의 바라문들이 모두 붓다의 제자가 될지 모른다고 걱정 하던 바라드바자는 죽림정사에 있는 붓다를 찾아가 입에 담지 못할 욕설을 퍼부었다. 험한 욕설을 다 듣고 난 붓다는 그의 흥분이 가라 앉자 조용히 입을 열어 말했다.

「바라문이여, 멀리 있는 당신의 친구나 친지들이 당신 집을 방문할 때가 있을 것입니다. 그때 당신은 맛있는 음식을 요리하여 대접하겠지요. 그런데 만약 찾아온 손님들이 식사를 하지 않겠다고 하면 그 음식은 누가 먹어야 합니까?」

「음식을 먹지 않겠다면 당연히 주인 되는 사람이 먹어야겠지요」

붓다가 바라문의 대답을 듣고 다시 말했다.

「바라문이여, 그대는 나에게 욕설을 퍼붓고 비난했지만 나는 그대의 요리를 받을 수 없소. 욕설을 그대에게 돌려보내니 이제 욕설은 그대의 것이오」

바라드바자는 당황했다. 조금도 흥분하는 기색 없이 평온한 얼굴 그대로인 붓다가 자신이 한 욕설을 자신에게 돌려주고 있는 것이었다. 이윽고 바라드바자는 붓다의 태도에 크게 감동하여 아내에 이어 그 자신도 붓다의 제자가 되고 말았다.

이 밖에도 초기 경전에는 붓다에게 욕설을 퍼부은 사람들의 얘기가 의외로 많이 기록되어 있다. 어느 욕쟁이에게는 붓다가 〈바람을 거슬러 흙을 뿌리면 그 흙이 되돌아와 자신을 더럽힌다〉라고 타이르는 장면도 나오는데, 이러한 사실은 진보적인 불교 교단이 뿌리내리는 데 기득권의 반발이 컸음을 상징하는 이야기가 아닐 수 없다.

그러나 붓다는 묵묵히 바라문과 다른 길을 걸었다. 바라문 사상과 가장 차이가 나는 것은 신분과 귀천의 부정이었다. 바로 이 부분이 붓다를 성인의 반열에 올려놓고 있다. 산스크리트어 영역판 『자설경』을 보면 구걸하며 사는 한 나병 환자를 제도하는 이야기가 나온다.

붓다가 라자가하 대나무 숲에서 제자들을 가르치고 있을 때였다. 마을에서 구걸하며 사는 한 나병 환자가 붓다의 말씀을 듣고 있는 무리를 가로질러 왔다. 그는 많은 사람들의 모습을 보고 음식을 좀 얻을 수 있을 것이라고 기대했다.

그러나 막상 가까이 오자 그는 〈아니야, 여기에는 음식이 없어. 붓다는 가르침을 줄 뿐이야. 가르침을 듣는 것이 나을 거야〉라고 생각했다.

붓다는 이 사람들 중에 누가 자신의 가르침을 이해할 수 있을지를 살폈다. 붓다는 사람들 저편에 앉아 있는 나병 환자를 바라보며 불행한 그가 자신의 말을 이해할 수 있을지도 모른다고 생각했다.

붓다는 그런 생각을 하면서 보시와 자비, 쾌락에 집착하는 것의 위험과 아상(我相)을 벗어나는 기쁨에 대해서 말했다. 붓다는 나병 환자의 얼굴에 기쁨이 감도는 것을 보았다. 그래서 붓다는 깨달은 이가 얻는 진리를, 닫힌 삶을 깨뜨리고 열린 삶으로 들어가는 방식에 대해 말했다.

하얀 천이 염색되기를 기다리듯 나병 환자의 마음에 자유와 영원에 대한 순수하고 맑은 이해심이 솟아올랐다. 그는 태어난 것은 죽으나 태어나지 않은 것은 죽지 않는다는 것을 보았다.

그는 진리를 보았고, 진리를 배웠고, 진리를 이해했고, 진리 속으로 뛰어들었고, 의심을 거두었고, 모든 의문에서 자유로워졌다.

그는 확신을 가지고 자리에서 일어나 무리를 가로질러 붓다에게 갔다. 그는 소리쳤다.

「훌륭하십니다! 당신은 떨어진 것을 들어올렸고, 감추어진 것을 발견하였으며, 혼란에 갇힌 사람에게 길을 가르쳐주었고, 어둠 속에서 빛을 비추어주었습니다. 지금부터 제 인생이 끝날 때까지 진리 속에서 안식처를 찾는 당신의 제자로 삼아주시겠습니까?」

붓다가 말했다.

「너는 내 가르침을 받을 준비가 되어 있는 사람이며 너의 아름다움으로 뭇무리를 향해 밝게 빛날 사람이다」

이처럼 온몸에 고름이 흐르고 그래서 악취가 나는 나병 환자를 제자로 맞아들인 성인이 어디 있었던가. 바라문들은 그에게 고개를 돌리고 찬밥을 던져주었지만 붓다는 그 나병 환자를 진리 속으로 맞아들였다. 더욱이 붓다는 그에게 진리를 가르쳐주었을 뿐만 아니라 뭇무리를 향해 밝게 빛날 사람이라고 삶의 희망을 주었던 것이다.

바라문의 저항을 물리친 데에는 붓다의 청정한 제자들의 몫도 부인할 수 없다. 우리에게 잘 알려져 있지 않은 우파굽타라는 제자도 아름다운 일화를 남기고 있는데, 인도의 시성 타고르는 그를 산문시로 노래하고 있다.

붓다의 제자 우파굽타는 마두라 시의 성벽 옆 땅위에 누워 잠이 들었습니다.

등불은 다 꺼지고 문은 모두 닫혔습니다. 별들은 팔월의 어두운 하늘로 숨었습니다.

저기 발찌를 딸랑여 갑자기 그의 가슴을 설레게 하는 것은 누구의 발입니까?

그는 놀라 눈을 떴습니다. 한 여인의 초롱에서 불빛이 흘러 그의 너그러운 눈을 비쳐줍니다.

그녀는 춤추는 여인으로, 보석으로 별처럼 수놓은 연푸른 옷을 입어 구름처럼 색칠한 데다 청춘의 술을 마셔 취해 있었습니다.

그녀는 초롱을 내리고 꾸밈 없이 아름다운 젊은 얼굴을 보았습니다.

「용서하십시오, 젊은 수행자시여. 저희 집에 오면 영광이겠습니다. 이 먼지 많은 땅은 수행자께서 쉬시기에 마땅한 잠자리가 아닙니다」 하

162

해는 낮에 빛나고 수행자는 지혜로 빛난다.
달은 밤에 빛나고 수행자는 명상으로 빛난다.
깨달은 이는 밤낮을 가리지 않고 정신의 광휘로 빛난다.

고 여인이 말했습니다.

수행자는 대답했습니다.

「부인이시여, 어서 갈 길을 가소서. 때가 되면 부인을 찾아가겠습니다」

갑자기 깜깜한 밤이 번쩍이는 번갯불을 내려 위협하였습니다.

하늘 한구석에서 폭풍이 날뛰며 고함 치자 여인은 무서워서 몸을 떨었습니다.

길가의 나뭇가지가 꽃을 피우고자 진통을 겪고 있습니다.

명랑한 피리 가락이 멀리서 따뜻한 봄바람을 타고 흘러옵니다.

사람들은 숲속으로 가서 꽃놀이를 하고 있습니다.

하늘에서는 보름달이 고요한 마을의 그늘 위를 노려보고 있습니다.

젊은 수행자가 쓸쓸한 거리를 걸어가자, 머리 위에서는 사랑에 애타는 뻐꾸기가 망고나무 가지에서 끊임없이 잠 못 이루는 푸념을 하고 있습니다.

우파굽타는 도시의 문을 지나 성벽 밑에 서 있었습니다.

한 여인이 흑사병에 걸려 종기로 얼룩덜룩한 몸을 하고 거리로 급히 달아나다가 성의 그늘 밑 자기 발 아래 누우니 어떤 여인이란 말입니까?

수행자는 그 여인 옆에 앉아서 무릎에다 그녀의 머리를 올려놓고는 물로 그녀의 입술을 축여주고 몸에는 향료를 발라주었습니다.

「누구십니까? 자비로운 그대는?」 하고 여인이 물었습니다.

「드디어 당신을 방문할 때가 되어 제가 여기 왔습니다」 하고 젊은 수행자가 대답했습니다.

한편, 바라문 중심 사회에서는 낙태가 이루어지고 있었다. 가문을 중시하여 남자가 대를 이어가는 남아선호 사상에서 기인한 악습이었다. 요즘도 낙태가 음성적으로 행해지고 있는 현실이고 보면 2천5백 년 전의 일이라고 가볍게 넘어가기에는 뭔가 찜찜했는데 찾아보니 붓다의 말씀이 새롭다. 역시 『잡아함경』 「타태경」을 보면 낙태에 관한 붓다의 입장이 나와 있다.

목갈랴야나와 락카나 비구가 함께 키자쿠타 산에서 수행할 때였다. 어느 날 목갈랴야나와 락카나는 왕사성으로 탁발하러 길을 가던 중에 목갈랴야나는 눈앞에 이상한 물체가 나타났다가 사라지는 것을 보았다. 온몸에 가죽이 없고 모양이 살덩이처럼 크게 생긴 중생이었다.

목갈랴야나는 신통이 뛰어났으므로 가엾은 중생이 어떤 존재인지를 바로 알고 안타까운 표정을 지었다. 궁금하게 여긴 락카나는 무슨 일이냐고 물었다. 그러나 목갈랴야나는 락카나가 믿지 않을 것 같아서 바로 대답하지 않았다. 탁발을 마친 목갈랴야나는 죽림정사로 찾아가 아까 본 중생에 대해 붓다에게 물었다. 그러자 붓다는 이렇게 답변했다.

「그 중생은 과거 세상에 이 라자가하(왕사성)에 살았는데, 태내에 수태된 생명을 떨어뜨렸다. 그 죄로 말미암아 그는 지옥에 떨어져 이미 1백 천세 동안 한없는 고통을 받았고, 지금도 계속해서 고통받고 있는 것이다」

낙태를 하면 그 과보를 낙태로 받을 수도 있다는 붓다의 경고이다. 복원한 카란다 연못에 비친 나그네의 얼굴을 한동안 바라보고 있는데 누군가가 등을 두드린다. 돌아보니 인도 국립경찰이다. 소총을 맨 것으로 보아 죽림정사의 경비를 담당하고 있는 모양이다. 엉성하게 두른 탄띠가 곧 엉덩이 아래로 흘러내릴 것만 같다. 요청하지 않았는데도 자신이 나그네의 보디가드라 한다. 그러면서 〈원 달러one dollar〉를 내라고 우긴다. 나그네는 어떻게 처신하는 것이 좋을지 몰라 망설이다가 거절하고 만다. 돈이 아까워서가 아니라 그의 좋지 않은 습관을 끊어주고 싶어서이다.

그러나 그는 계속 따라붙는다. 죽림정사를 나와 붓다 입멸 후, 제자들이 모여 처음으로 붓다의 가르침을 결집하였던 칠엽굴(七葉窟)로 가는 계단 입구까지 치근덕거린다. 이제는 누구의 인내심이 강한지 시험하는 단계인 것 같다. 결국 나그네는 그에게 지고 만다.

붓다가 열반했을 때 말라버렸다는 카란다 연못

불교 신자라면 다 알다시피 칠엽굴은 붓다가 열반한 지 6개월 만에 마하카샤파가 아라한이 된 500명의 비구들을 모아 우기(雨期) 3개월 동안 붓다의 가르침인 경(經)과 율(律)을 최초로 집대성한 곳이다. 지금 전해지고 있는 대다수의 경전들도 칠엽굴에서 성립된 것인바, 칠엽굴이야말로 붓다의 가르침을 영원한 진리로 환생시킨 굴이라 해도 과언이 아니다.

과연 칠엽굴은 말 그대로 늘어선 굴 문들이 일곱 개의 나뭇잎이 세워져 있는 듯한 형상을 하고 있다. 결집이란 모은다는 뜻보다는 산스크리트어로 합송(合誦)한다는 말이다. 그러니까 아난이 붓다의 말씀을 기억나는 대로 선창하면 다른 비구들이 합송하였을 것이고, 모인 500명 가운데 이의가 없으면 정설로 삼아 경전으로 기록하였다는 뜻이리라.

실제로 넓고 컴컴한 굴 속으로 들어서니 아난이 〈나는 이와 같이 들었다〔如是我聞〕〉 하고 선창하는 소리가 2천5백여 년의 시공을 뛰어넘어 되살아나는 것도 같아 절로 두 손이 모아진다.

마하카샤파가 붓다의 말씀을 결집하기로 결심한 동기는 이렇다. 붓다 입멸 후, 발난타 비구가 〈붓다가 멸도하셨으니 나는 자재(自在)함을 얻었다. 저 늙은이가 항상 말하기를 이렇게 하라 저렇게 하라 하였는데 이제부터는 내가 하고자 하는 대로 할 것이다〉라고 불경스럽게 떠들고 다니자, 붓다의 가르침대로 그의 허물을 다스리고

아난이 하룻밤 동안 물구나무 선 채 수행한 바위

자 한 이유에서였다.

그래서 아라한이 된 500명의 비구를 모았던 것인데, 처음에 아난은 아라한이 아니었으므로 마하카샤파의 제지를 받고 굴에 들어갈 수 없었다. 이에 아난은 분심(忿心)을 내어 밤에도 잠을 자지 않고 물구나무를 선 채 수행하여 며칠 만에 깨달음에 이르렀다. 이때 아난이 한 수행법은 〈비파사나 수행법〉 즉 관법(觀法)이었다.

지나간 어느 TV 사극에서 궁예가 관법을 했다고 하는데, 아난이 한 것과는 방향이 다르다. 아난은 관법이란 방편을 가지고 깨달음을 위한 활인검으로, 궁예는 사람을 죽이는 살인검으로 이용했기 때문이다.

『법화경』 등 수많은 경전을 설한 성지 중의 성지

현재의 라즈기르는 붓다가 살아 계실 때는 라자가하, 혹은 라자그리하로 불렸다. 한역은 왕사성(王舍城)인데, 말 그대로 왕의 궁이 있는 성이었다. 왕사성은 어느 지역보다도 붓다와 인연이 깊은 땅이라 할 수 있다. 붓다는 이곳의 영축산에서 많은 설법을 하였고, 또 입멸 후에는 8등분으로 나누어진 사리가 이곳에 일부 묻혔으며, 제1차 결집도 이 지역 칠엽굴에서 이루어졌기 때문이다.

영축산은 봉우리가 독수리 모양을 하고 있어 붙여진 이름이다. 10년 전에 왔을 때 봉우리의 형상을 보지 않고서도 독수리 서너 마리가 정상을 날고 있었기 때문에 바로 산 이름이 가슴에 와 닿았던 기억이 새롭다.

이제는 영축산도 관광지 모양으로 되어가고 있다. 예전에는 정상까지 땀 흘리며 걸어 올라갔는데 지금은 리프트가 설치되어 있다. 일본인들이 정상 부근에 절을 짓기 위해 인도에 리프트 설치비용을 지원했다는데, 성지를 훼손하는 일이 아닐 수 없다. 다리품을 팔지 않고 올라가면 편리할지는 모르겠으나 붓다를 만나는 간절함이 덜해질 것은 자명한 일이다.

독실한 불교 신자였던 마가다국의 빔비사라 왕도 수레를 타고 오다가 산길 초입의 하승(下乘)부터는 걸어서 올라가곤 했었다. 우리식으로 말하자면 하마비(下馬碑) 역할을 한 시설물이 그곳에 있었던 것이다. 가마를 타지 않고 걸어서 올라간 것은 붓다에 대한 지극한 존경심 때문이었으리라.

마가다국을 부흥시킨 빔비사라 왕은 붓다를 존경하여 왕사성 영축산 아래에 붓다의 주치의 지바카에게 땅을 주어 살게 하고, 시간만 나면 붓다를 찾아가 설법을 들었다. 그는 수도를 왕사성에 정하고 붓다와 그의 제자들이 수행할 수 있도록 죽림정사를 지어 기증하였다. 붓다를 흠모하여 자주 만나고 싶어서였다. 붓다가 영축산에 머물 때도 빔비사라 왕은 여러 번이나 찾아가 법문을 들었다. 수레와 가마를 타고 붓다를 만날 수 있는데도 그는 자신의 명으로 닦은 산길을 걸어 올라갔다.

현장의 『대당서역기』에도 〈길 도중에 두 개의 작은 탑이 있다. 하나는 하승(下乘)이라 하는데, 왕이 여기까지 오면 그 다음은 걸어서

빔비사라 왕이 말에서 내려 붓다를 만나러 가던 곳

간다는 뜻이다. 또 하나는 퇴범(退凡)이라 하며 범부를 구별하여 여기서부터 함께 오르지 못한다는 뜻이다〉라고 씌어져 있다. 나중에 빔비사라 왕은 아들에게 왕권을 빼앗기고 아들이 그를 굶겨 죽이려 했지만 그는 감옥에서 목숨을 이어갔다. 고통 속에서도 왜 사느냐고 아들이 묻자 그는 이렇게 대답했다.

「저 열린 창문으로 부처님을 매일 뵙고 예배할 수 있기에 아직 살아 있다」

그러나 아들은 창문을 벽돌로 막아버리고 예배할 수 없게끔 왕의 발목을 잘라버린다. 결국 빔비사라 왕은 죽고 말지만 아들 아자타샤트루 왕은 후에 붓다의 설법에 감화를 받고 지난날을 참회하게 된다.

여기서 타고르의 산문시집, 『열매 모으기』의 서른아홉번째 시를 떠올리지 않을 수 없다. 시의 시간적 배경은 아자타샤트루가 독실한 불제자이자 부왕이었던 빔비사라 왕으로부터 왕권을 빼앗고 붓다를 탄압하던 시기였다. 그가 즉위한 후 붓다의 사원을 찾아 예배하면 누구나 참형에 처해졌다.

빔비사라 왕은 붓다의 사원을 짓고 흰 대리석에 찬양의 말씀을 새겼습니다.

저녁때가 되면 궁궐의 신부들과 딸들이 모두 와서 꽃과 빛나는 초롱을 바칠 것입니다.

아들의 시대가 와 왕위에 올랐을 때, 그는 아버지의 신조(信條)를 피로 씻어내고 성전에는 제물의 불을 밝혔습니다.

가을 해가 집니다.
저녁 예불 시간이 가까웠습니다.
왕비의 시녀 슈리마티는 붓다께 몸을 바치려는 듯 성스런 물에 목욕하고는 싱싱한 흰 꽃과 황금의 쟁반을 초롱으로 꾸미고 검은 눈을 조용히 들어 왕비의 얼굴을 보았습니다.

왕비는 두려움에 떨었습니다. 그리고 이렇게 말했습니다.
「어리석은 계집아, 붓다 성전에 불공을 드리는 이는 누구에게나 죽음의 벌이 내리는 것을 너는 모르느냐?」
「이것이 임금님의 뜻입니다」

슈리마티는 왕비에게 절하고 문을 나와 태자의 새 신부 아미타 앞에 섰습니다.
번쩍이는 황금 거울을 무릎에 놓고 이 새 신부는 검고 긴 머리카락을 갈라 땋고 행운의 붉은 연지를 찍고 있었습니다.
신부는 젊은 시녀를 보자 손을 떨며 이렇게 소리쳤습니다.
「얼마나 무서운 파멸을 나에게 가져오려고 하느냐? 어서 다른 데로 가거라」

슈클라 공주는 창가에 앉아 지는 햇빛 속에서 이야기책을 읽고 있었습니다.

이 여자도 시녀가 성스런 제물을 가지고 있는 것을 보고 놀랐습니다.

공주는 무릎에서 책을 떨어뜨리며 슈리마티의 귀에다 이렇게 속삭였습니다.

「죽음 속으로 뛰어들지 마라. 이 무모한 여인이여!」

슈리마티는 이 문 저 문으로 돌아다녔습니다.

시녀는 머리를 들고 이렇게 외쳤습니다.

「오, 궁궐에 있는 여인들이여, 서두르십시오! 붓다께 불공드릴 시간이 왔습니다!」

더러는 면전에서 문을 닫기도 하고, 더러는 시녀에게 욕도 하였습니다.

마지막 햇살이 궁궐 탑 청동의 궁륭(穹隆)으로부터 사라져갔습니다.

깊은 그늘이 거리 구석구석 스며 자리를 잡았습니다. 시끄럽던 거리는 조용해졌습니다. 시바 사원의 종소리는 저녁 예불을 알렸습니다.

투명한 못과도 같이, 깊은 가을 저녁의 어둠 속에서 별들이 빛나며 흔들릴 즈음에, 궁궐의 뜰을 지키는 이가 숲속에서 붓다의 사원으로부터 타오르는 초롱불을 보고 놀랐습니다.

파수병들이 칼을 뽑아 들고 달려가며 외쳤습니다.

「누구냐, 어리석은 자여, 죽음이 두렵지 않은가?」

「나는 슈리마티입니다. 붓다의 하인입니다」 하고 아름다운 목소리가 대답했습니다.

다음 순간 시녀의 심장에서 나온 피가 차디찬 대리석을 빨갛게 물들였습니다.

별이 반짝이는 고요한 시간에 사원 밑에 있는 마지막 초롱불도 꺼졌습니다.

죽음도 두려워하지 않는 시녀 슈리마티의 순교를 소재로 하여 지은 타고르의 시인데, 초롱불 같은 그녀의 믿음이 별빛으로 승화되는 것 같은 감동에 젖어본다. 자신을 〈붓다의 하인〉이라고 말하는 그녀가 순결하고 그녀의 마음이 아름답다.

현장이 그곳에 갔을 때도 빔비사라 왕이 수레에서 내려 걸어 올라간 그 자리에 스투파가 있었다는데, 지금은 벽돌을 정사각형으로 낮게 쌓아 표시하고 있을 뿐이다.

1천3백 년 전 영축산 봉우리를 찾은 중국 승려 의정은 이러한 시를 남기고 있다.

영축산 봉우리 올라서서

옛 왕성 내려다보니

만년이나 흘러내린 못은 맑고

천년 지난 그 뜰은 깨끗하건만

옛일 새겨주는 빔비사라 왕 길

부서져 남은 왕성의 지난날 영화

칠보의 선대(仙臺)는 사라지고

하늘 꽃비 내리던 빗소리 멈추었네.

경전을 보면 〈한때 부처님께서 기사굴 산중에 계실 때 비구 1,250명
과 함께 하셨는데……〉 하고 나오는 기사굴 산이 바로 영축산이다.
이 산에서 붓다는 제자들에게 많은 대승경전을 설하였다. 『법화
경』, 『관무량수경』, 『보적경』, 『대집경』, 『허공장경』 등등인데, 특
히 『법화경』의 「견탑보품」에 붓다가 법화경을 설하고 계실 때 칠보
탑이 하나 솟아올랐다고 나오는데, 그 탑이 바로 다보탑이다. 경주
불국사에 있는 다보탑이 『법화경』에서 말하는 칠보탑인 것이다. 일
찍이 보정국의 다보여래가 어디서나 『법화경』이 설해지는 곳이 있
으면 나의 탑묘가 그 앞에서 솟아날 것이라고 예언하였는데, 영축
산에 계신 붓다 앞에서도 다보탑이 출현하였던 것이다.

영축산에 얽힌 이야기 중 결코 빼놓을 수 없는 이야기가 또 하나

붓다가 『법화경』 등 수많은 경전을 설했던 영축산 독수리봉

있다. 열반을 앞둔 붓다가 마하카샤파에게 전법(傳法)하는 장면으로, 선의 발원이 되고, 선의 첫 장을 장식하는 염화미소이다. 즉 붓다가 영축산에서 설법하던 중에 연꽃을 들어 보이자 아무도 그 뜻을 몰라 수군거릴 때, 마하카샤파가 붓다의 마음을 알아차리고 미소지었다는 이야기이다. 이에 붓다는 마하카샤파에게 다음과 같이 말하며 마음의 법을 전한다.

「여래에게 정법안장(正法眼藏) 열반묘심(涅槃妙心)이 있으니, 이를 마하카샤파에게 전하노라」

마하카샤파는 붓다의 제자 중에서 두타제일이라 불릴 만큼 치열하고 엄격하게 수행한 청정한 비구였다. 붓다는 이미 그의 마음과 자질을 꿰뚫어보았을 것이다. 그러기에 수많은 제자 중에서 단 한순간의 망설임 없이 정법을 안장했으리라.

실제로 마하카샤파는 어떤 동기가 있어 출가한 것이 아니라 운명적으로 수행자가 될 수밖에 없는 사람이었다. 왕사성 바라문 가문에서 태어난 그는 청년 시절부터 청정하게 독신으로 살고자 하였다. 그러나 부모는 대가 끊어질 것을 걱정한 나머지 마하카샤파에게 자꾸 결혼할 것을 간청했다. 이에 그는 부모가 들어주지 못할 어려운 부탁을 한다. 금세공인에게 아름다운 여인상을 만들게 하여 부모에게 보여주면서 그 같은 여인이 있으면 결혼하겠다고 한 것이다. 그러나 부모는 베살리 교외의 카필라카 마을로 가서 바라문 가문의 딸인 밧다 카필라니라는 여인을 찾아내고 만다. 할 수 없이 마하카샤 파는 그녀의 집을 찾아가 그녀에게 〈세속적인 욕망에 붙잡혀 살고 싶지 않다〉고 말한다. 그러자 밧다도 고백한다.

「당신께서 그렇게 말씀해 주시니 정말 감사합니다. 저도 당신과 생각이 같습니다. 결혼하려 한 것은 단지 부모님을 안심시키고자 한 것뿐입니다」

부부가 된 두 사람은 12년 동안 육체 관계를 갖지 않고 살았다. 양 가의 부모가 세상을 뜨고 없는 어느 날 밧다는 기름을 짜기 위해 참 깨를 말리고 있었다. 그런데 참깨 주위에 많은 벌레들이 고물거렸 다. 기름을 짜면 벌레들이 죽을 것 같아 밧다는 괴로웠다. 또한 마하 카샤파도 밭일을 하던 중 흙을 일구는 소의 괴로움을 생각하니 마음 이 아팠다. 그날 부부는 이런 이야기를 나눈 후 이제야말로 출가할 때가 되었다고 다짐했다. 즉시 머리를 자르고 큰 네거리로 나와 각 각 오른쪽과 왼쪽으로 헤어졌다. 그런데 마하카샤파는 얼마 지나지 않아 붓다에게 귀의하였지만, 이후 외도에 빠졌던 아내 밧다는 나 중에 귀의하였다고 전해진다.

『삼국유사』에 나오는 광덕 엄장의 설화 중 광덕의 부부처럼 감동 적인 이야기가 아닐 수 없다. 광덕도 아내와 결혼하여 살면서 10년 동안 한번도 잠자리를 같이하지 않고 청정한 몸을 지키어 열반을 이 룬 것이다.

영축산 산정에 다시 올라보니 의정스님이 읊조렸던 시구가 절로 떠오른다. 탑이 솟아난 칠보의 선대는 사라져 보이지 않고 멀리 잡목만 우거진 왕사성의 옛터가 쓸쓸하게 보인다. 붓다께서 『법화경』을 설할 때 하늘에서 수많은 꽃들이 비처럼 내리어 빗소리를 냈다는 허공도 고요하기만 하다.

나그네는 붓다가 수많은 경을 설한 향실(香室) 바닥에 무릎을 꿇고 합장한다. 그러면서 허공에 질문을 하나 던진다. 붓다는 이곳 영축산에서 수많은 대승경전을 설했기 때문에 위대한 것인가? 그러나 붓다는 열반의 순간 〈나는 한마디도 말한 적이 없다〉고 하였다. 왜 그랬을까? 말한 적이 없다라는 것은 자신의 사상을 주장한 적이 없다는 의미겠지. 그렇다. 붓다는 철학자나 도덕 교사가 아니었다. 진리를 드러내고 중생의 고통을 씻어주고자 끝없이 길을 걸었던 대자대비한 성인이었을 뿐이다.

싯다르타, 거룩한 붓다로 태어나다

붓다란 두말할 것도 없이 깨달은 사람이다. 카필라바스투를 나선 싯다르타가 처절한 고행 끝에 드디어 붓다가 된 성지가 보드가야이다. 〈깨달은 사람〉이라 하면 어휘에 아직 중생의 냄새가 난다. 그러나 붓다의 진정한 의미는 깨달음 그 자체이다. 보리수 아래서 길상초를 깔고 앉아 삼매에 든 밤 동안 지혜가 열리고, 새벽이 되어 동녘 하늘에 샛별이 뜨자마자 순간 싯다르타는 홀연히 붓다가 되어버린 것이다.

나그네는 붓다가 보았던 새벽 별을 보기 위해 어두컴컴한 거리를 걸어간다. 훗날 붓다의 제자들은 붓다가 앉은자리를 금강좌라 명명하였고, 순례길에 보드가야를 들른 아쇼카 왕은 거기에 대탑을 쌓는다.

붓다의 눈에 흘러든 샛별의 명징한 별빛. 몇억 광년(光年)이나 달려온 그 별빛이야말로 붓다에게는 6년 동안의 처절한 고행을 진리로 승화시켜 버린 비등점이 아니었을까. 한역 『불본행집경』「고행품」을 보면 붓다가 얼마나 치열하게 고행했는지 자세히 나온다. 붓다가 되기 전의 싯다르타는 왕사성을 떠나 5명의 수행자와 함께 나이란자나〔尼連禪河〕 강이 내려다보이는 가야산에 머무르면서 상념에 잠긴다.

〈세간에 사문이거나 바라문들이 몸과 마음을 방일하여 타오르는 욕망에 집착하면 번뇌가 따르므로 비록 고행을 하여도 도에는 이를 수 없다. 또한 몸을 다스려 욕락을 행하지 않더라도 마음은 오히려 쾌락에 집착하면 비록 고행을 닦더라도 도에는 이를 수 없다.〉

싯다르타는 당시 외도들이 적당히 수행하는 것을 용납할 수 없었다. 당시에도 요즘처럼 엉성한 수행자들이 많았나 보다. 그래서 그는 쾌락을 탐하면서도 수행하는 척하는 무리들과 달리 고행에 들었다.

싯다르타는 풀옷을 입거나 무덤 사이에 버려진 누더기로 몸을 감싸거나 걸레로 옷을 지어 입었다. 불볕 속에서도 서늘한 자리를 찾지 않고 추위가 와도 따뜻함을 찾지 않는 그의 자세는 한결같았다. 소나기가 쏟아져도 앉은자리에서 움직이지 않았다. 파리와 모기가 몸에 붙어 피를 빨아도 쫓지 않았다. 또 그는 시체와 인골이 흩어져

붓다가 정각을 이룬 보드가야 대탑

있는 구릉에서 노숙하였다. 양치기들이 침을 뱉고 진흙과 나뭇가지를 던졌다. 그래도 그는 아이들에게 조금도 화를 내지 않았다.

그는 입을 다문 채 이를 악물고 혀를 입천장에 대고 들숨과 날숨을 다스렸다. 입과 코로 쉬는 숨을 막자 귓구멍에서 풀무소리를 내며 바람이 나와 예리한 송곳으로 귀를 뚫는 듯하였다. 귀로 숨쉼도 그치자 속바람이 굉장한 기세로 정수리로 치솟아, 날카로운 도끼로 정수리를 치듯 하였다. 그래도 그는 입과 코와 귀와 정수리의 숨도 모두 멈추자 바람이 벼락같은 소리를 내며 늑골 사이에서 소용돌이쳐서 마치 백정이 칼로 몸을 가르듯 하는 극한의 고행을 하였다.

물론 이런 수행을 해본 적 없는 나그네지만 충분히 상상이 되는 고행이다. 이른바 호흡법 수행인데, 송곳으로 귀를 뚫는 듯하고, 칼로 몸을 가르듯 고통이 수반되는 수행으로, 생각만 해도 등골이 오싹해진다. 그런가 하면 먹는 음식을 줄여가는 절식도 고행의 한 방법으로 경전에 등장하고 있다.

수행자 싯다르타는 하루에 한 알의 과일을 먹거나 대추를 먹거나 혹은 팥이나 콩을 먹다가 이틀에 한 번 먹고, 사흘에 한 번 먹고, 이레에 한 번 먹고 마침내는 보름에 한 번 먹었다. 그는 점점 참혹하게 여위어갔다. 살갗은 익지 않은 오이가 말라비틀어진 것 같았고, 손발은 갈대 같았고, 드러난 갈비뼈는 부서진 헌 집의 서까래 같았고, 척추는 대나무 마디 같았다. 뱃가죽을 만지면 등뼈가 만져지고

손을 들어 몸을 만지면 몸의 털이 말라 떨어졌다. 그러나 오직 눈만
은 깊은 우물 속의 별과 같이 반짝이며 빛나고 있었다.

이처럼 6년의 고행을 끝낸 수행자 싯다르타는 홀연히 진리를 깨
닫는다. 극단에 치우지지 않으면서 우주의 질서를 바르게 보게 되는
중도의 진리를 터득한 것이다.

〈나는 극한의 고행을 하였지만 세상을 뛰어넘는 훌륭한 지혜를
얻지 못했다. 과거, 현재, 미래의 모든 사문과 바라문들이 도를 구
할 때 몸과 마음을 괴롭혀서 고통받는 이러한 고행은 다만 스스로의
몸과 마음을 괴롭힐 뿐이요, 도무지 이익이 되지 않는 줄 이제야 알
겠다.〉

수행자 싯다르타는 쾌락과 고행의 두 극단을 버리는 중도의 길을
찾는다.

〈이 중도는 모든 것을 바르게 보고, 바르게 알 수 있는 통찰력과
직관이므로 지혜를 낳아 범부의 눈을 뜨게 하고, 이를 통하여 마음
의 평화와 진리의 체험과 크나큰 깨달음으로 열반을 성취케 하리라.〉

그런데 싯다르타는 몸이 너무 야위어 걸을 수 없었다. 버려진 누

더기를 주워서 빨기 위해 나이란자나 강가로 내려갔으나 올라올 때는 힘에 부쳤다. 빨래를 하고 몸을 강물에 씻고 나서 기슭을 오르려 했으나 걸음을 뗄 수 없었다. 쇠약해질 대로 쇠약해진 몸이 물살에 밀려나곤 했다. 겨우 올라온 그는 누더기를 걸치고 전정각산(前正覺山)을 내려와 우루빌라 마을로 들어갔다. 그때 우루빌라 지방의 성주의 딸 수자타가 우유와 꿀로 만든 유미죽을 그에게 바치며 기원했다.

「이 유미죽을 받아 드시고 반드시 무상정등각(無上正等覺 : 인간이 부처가 되는 깨침을 일컫는다)을 이루소서」

유미죽으로 힘을 얻어 건강한 모습을 되찾은 수행자 싯다르타는 지금의 대탑 자리로 가 앉는다. 길상초를 깔고 앉은 다음 그는 이렇게 맹세한다.

「이 자리에서 나의 육체가 소멸되어도 좋다. 다만 어느 시대에도, 그 누구도 얻기 어려운 일체지(一切智)를 얻지 못한다면 나는 결코 이 자리를 뜨지 않을 것이다」

이렇게 해서 그는 욕계의 유혹에서 벗어난 후, 초저녁에는 지난 중생들의 업보가 보이는 천안통(天眼通)이 열렸고, 한밤중에는 숙명통(宿命通)이 열려 사성제〔苦集滅道〕를 관하고 그 길에 이르는 팔정도를 깨닫는다. 다시 괴로움의 근본이 무명(無明)임을 알고 시간이 더 흘러 새벽이 되니 무명이 소멸되고, 동쪽 하늘의 별을 보는

대탑 안의 붓다상

순간 정각을 이루어 홀연히 붓다가 된 것이다. 이때 붓다는 세상을
향해 외친다.

「아! 번뇌는 모두 사라졌다. 번뇌의 흐름도 사라졌다. 이제 더 이상
태어남의 길을 밟지 않으리니 이것을 번뇌의 마지막이라 말하리라」

나그네는 아쉽게도 새벽 별을 보지는 못했지만 보드가야 대탑의
뒤편에서 일출을 맞이한다. 대탑을 도는 수행자들은 대부분 티베트
승려들이다. 동자승에서부터 비구, 비구니, 신자들이 붉은색의 칙
칙한 옷을 걸치고 대탑 주위를 시계 방향으로 돌고 있다. 불교 성지
중의 성지답게 각국에서 온 순례자들의 모습이 진지하다. 탑돌이를
끝낸 티베트 승려들은 오체투지로 절을 한다. 온몸을 던지는 절이
다. 티베트 불교의 저력을 바로 저런 오체투지에서 찾아볼 수 있지
않을까 싶다.

불단에 바쳤던 연꽃들인지, 조금 시든 연꽃들이 쓰레기통 속에
가득 버려져 있다. 벽안의 처녀와 철모르는 동자승 한둘이 붓다에게
바치기 위해 연꽃을 주워 올리고 있다. 쓰레기통마저 향기롭고 아름
다운 성지가 아닐 수 없다.

붓다에게 연꽃을 바치려는 모습은 2천5백 년 전이나 지금이나 마
찬가지다. 인도의 시성 타고르는 우리에게 잘 알려지지 않은 시집
『열매 모으기』 열일곱번째 시에서 다음과 같이 노래하고 있다.

오체투지를 하는 신심 깊은 티베트 수행자

정원사 수다스는 그의 연못에서 무서운 겨울 추위에도 살아남은 마지막 연꽃을 꺾어 왕에게 팔고자 궁궐 문 앞으로 갔습니다.

수다스는 가다가 나그네를 만났는데 그가 말했습니다.

「연꽃을 얼마에 파시겠습니까? 그 연꽃을 붓다께 올려야겠습니다」

수다스는 대답했습니다.

「황금 1마샤만 주면 팔겠습니다」

나그네는 값을 치렀습니다.

그 순간 왕이 나와서 그 연꽃을 사기를 원했습니다. 왕도 붓다를 뵈러 가는 참이었습니다. 왕은 생각했습니다.

〈이 겨울에 핀 연꽃을 붓다 발밑에 올리면 참 좋겠구면.〉

정원사가 황금 1마샤를 받았다고 하자 왕은 10마샤를 주겠다고 말했습니다. 그러자 나그네는 곱을 불렀습니다.

정원사는 이들이 붓다를 위하여 값을 놓고 다투는 것을 보고, 욕심이 나 더 많은 이익을 남겨야겠다고 생각했습니다. 그는 허리를 굽히면서 말했습니다.

「연꽃을 팔지 않겠습니다」

거리의 성벽 저 너머 망고 숲 조용한 그늘 아래에서 수다스는 붓다 앞에 섰습니다. 붓다의 입술에는 자비의 침묵이 흐르고, 눈에는 이슬에 씻

티베트 동자승이 촛불을 들고 있다.

긴 가을날 새벽 별과도 같은 평온이 빛나고 있었습니다.

수다스는 붓다의 얼굴을 들여다보더니 그 발 앞에 연꽃을 놓고는 머리를 땅에 대어 절했습니다.

붓다가 미소지으며 물었습니다.

「소원이 무엇인가? 젊은 친구여」

수다스는 소리쳤습니다.

「붓다의 발에 손을 조금만 대어보았으면 좋겠습니다」

나그네가 타고르의 시집 가운데 『기탄잘리』나 『초승달』, 『정원사』보다 『열매 모으기』를 더 좋아하는 이유는 인간의 선한 마음을 주제로 한 서사적 분위기의 시가 많기 때문이다. 연꽃을 바치는 수다스의 마음도 얼마나 순수한가. 그에게 붓다가 소원을 묻자, 가족의 행복을 빌어달라거나 돈을 벌게 해달라는 따위가 아니라 붓다의 발을 좀 만져보게 해달라는 데에서 지순한 마음을 발견하게 되는 것이다.

보드가야 대탑에서 오전 시간을 보내고 오후에 들른 곳이 사르나트 박물관이다. 오후 5시 이후에는 입장을 불허하므로 서둘러 찾아갔다. 사르나트는 붓다가 정각을 이루고 나서 칠칠일(七七日) 만에 찾아와 최초로 다섯 비구에게 사성제와 팔정도, 중도의 법을 설한 곳이다.

　사르나트 박물관은 규모는 작지만 인도 어느 지역의 박물관 못지 않게 뛰어난 불교 예술품을 전시하고 있는 곳이다. 특히 녹야원에서 발굴된 4사자상과, 부드럽고 그윽한 붓다의 초전법륜상은 사르나트 박물관의 대표작이다. 이곳의 4사자상은 기원전 3세기 마우리아 왕조가 남긴 최고의 걸작품인데, 현재 인도의 국장(國章)으로 지정되어 있으며 인도의 모든 공문서와 지폐나 동전에서 이 4사자상의 형상이 사용되고 있다.

업장 씻는 강물, 진리를 보는 자리

바라나시는 〈영적인 빛으로 충만한 도시〉란 뜻을 지니고 있다. 한역 경전에는 〈카시〉로 표기되고 있는데, 이곳에서 생산하는 실크를 카시산(産)이라 하여 고대부터 지금까지 바라나시 특산물로 쳐주고 있다. 이곳에는 힌두 사원이 1천5백여 개가 넘고, 해마다 수많은 힌두교 신자들이 순례하는 도시로서 힌두교 최대의 성지인 모양이다.

나그네는 갠지스 강에서 일출을 보기 위해 새벽에 숙소를 나와 어슬렁거려 본다. 예전의 경험도 있고 하여 갠지스 강을 찾아가는 것은 어렵지 않다. 동쪽으로 난 바라나시의 길들은 모두 갠지스 강에 닿아 있기 때문이다. 이른 시각인데도 순례자들이 조그만 항아리를 하나씩 들고서 갠지스 강으로 몰려가고 있다. 갠지스는 영어식이고 힌두어로는 〈강가〉이다. 그래서 이곳 사람들은 〈강가〉라고 부른다.

196

죄업을 씻어주는 갠지스 강

또 한역 경전에는 항하(恒河)로 표기되어 있다. 셀 수 없이 많은 양과 수를 〈항하수 항하사〉라고 비유하는 것도 그 때문이다. 하긴 갠지스 강의 물과 모래를 누가 헤아릴 수 있겠는가.

힌두교 신자들이 갠지스 강물에 몸을 담그고 씻는 것은 업장 즉 자신의 죄를 씻기 위해서다. 강가에는 벌써 몸을 적시고 나와 기도하는 사람들이 눈에 띈다. 화장터에서는 이른 아침인데도 시신을 태우는 푸른 연기가 솟아오르고 있고.

나그네는 강을 건너가기 위해 조각배에 몸을 싣는다. 해맞이 의식을 치르려고 준비하는 힌두교 신자들이 더욱 또렷하게 보인다. 그래도 저 사람들은 강물에 몸을 적시고 있으니 행복한 사람들이다. 어떤 신자는 강물에 죄를 씻고자 늘그막에 이곳으로 오다가 객사를 하고 만다고 하니까. 그러나 붓다는 뭐라고 말씀했던가. 『잡아함경』에 이런 구절이 나온다.

바라문 산가라바는 매일 아침과 저녁에 낮 동안 자신이 저지른 죄를 씻기 위해 강에서 목욕하였다. 붓다가 산가라바에게 말했다.

「목욕을 해서 모든 죄를 씻을 수 있다면 개구리나 거북이나 악어들도 죄로부터 자유로워지리라! 진정한 강은 선의 강이니 자비는 목욕을 위한 〈강가〉에 비유할 수 있으리. 선의 맑고 깨끗한 물은 물에 드는 모든 사람을 자비롭게 씻어준다. 선의 물속에 뛰어들어 수영하는 법을 배우라」

악업을 지어 물고기로 환생한 물고기들이야말로 늘 물속에 있으니 누구보다도 먼저 죄가 소멸될 것이 아니냐는 붓다의 편잔이다. 바라문의 어리석음을 깨우쳐 주기 위한 붓다의 이성적인 말씀이다. 그러나 나그네는 힌두교 신자들이 믿고 실천하는 종교 의식에 대해서 왈가왈부할 생각은 없다.

인도에서 보는 일출은 우리와 다르다. 넓은 대지에서 보기 때문인지 속도감에서 크게 차이가 난다. 해의 움직임이 너무 완만하여 뜨는 둥 마는 둥한 모습이다. 그래도 대지의 자궁에서 막 나온 해는 새 생명처럼 붉고 강렬하다.

햇볕이 뜨거워질 무렵에야 나그네는 다시 강을 건너 녹야원으로 가는 차에 오른다. 어제 사르나트 박물관까지 갔다가 녹야원을 들르지 못한 것이다. 붓다가 녹야원에 들른 것은 보드가야에서 정각을 이루고 나서 여러 도시들(보드가야, 라즈기르, 나란다, 파트나)을 들렀다가 바라나시까지 와서 공양을 마친 다음 동문을 나온 후였다.

영불탑(迎佛塔).

녹야원 입구에 있고 서 있는 차우칸디 스투파라고도 하는데, 이곳에서 다섯 명의 수행자들이 붓다를 영접했다. 그래서 영불탑이라고 불리고 있다. 이들은 예전에 수행자 싯다르타를 사모했던 동료로서 그가 고행을 그만두고 보리수 밑으로 가는 것을 보고는 〈고타마 싯다르타는 타락했다〉며 실망하여 떠났던 수행자들이었다. 그런데 그들은 그곳에서 다시 붓다와 마주친다.

「저기 오는 수행자가 싯다르타 아닌가. 그는 수행을 그만둔 타락한 자이다. 고행을 그만두었으니 무엇을 이룰 것인가. 그가 가까이 오더라도 경의를 표하는 일은 그만두자」

그런데 그들은 붓다를 가까이에서 보고는 놀라고 만다. 붓다의 얼굴은 순금처럼 빛나고 자태는 그윽했다. 그래도 그들은 예전처럼 〈친구 고타마 싯다르타여〉 하고 불렀다.

그러자 붓다가 말했다.

「그대들은 여래를 고타마 싯다르타라든가, 친구라고 불러서는 안 된다. 나는 붓다가 되었다. 내 가르침을 따른다면 그대들도 출가의 목적을 이루리라」

이에 그들은 본능적으로 거룩한 기운에 머리를 숙이고 녹야원으로 자리를 옮겨 붓다의 설법을 듣게 된 것이다.

녹야원에 머문 지 3일째 되는 날 저녁, 붓다는 침묵을 깨고 법을 설하였다. 첫번째로 법을 설한 곳이 다메크 탑 자리였다. 다메크란 산스크리트어로 법안(法眼), 즉 〈진리를 본다〉란 말에서 파생된 말로서 〈진리를 보는 자리〉라는 의미이다.

갠지스 강에서 녹야원까지는 8킬로미터 정도 떨어져 있는데, 끝

정각을 이룬 붓다를 수행자들이 최초로 맞이한 영불탑

없는 대지의 인도인들에게는 관념상 아주 가까운 거리이다. 녹야원의 중심은 두말할 것도 없이 다메크 대탑이다. 이 스투파도 아쇼카 왕이 건립하였으나 굽타왕조(A.D. 4세기-6세기 중엽) 시대에 증축되어 오늘에 이르고 있다. 직경이 약 28미터에 이르고 높이가 약 33미터에 이르니 거대한 규모라 아니할 수 없다.

앞에서도 잠깐 얘기했지만 다섯 명의 수행자들에게 처음으로 붓다가 깨달은 진리를 눈에 잡힐 듯 보여준 곳이 바로 이 다메크 대탑 자리였다. 붓다는 석양이 기울 무렵 북쪽을 향해 앉으셨고, 저녁 바람이 산들산들 불어오자 침묵을 깨고 법을 설하였다. 한역 『불본행집경』 제34권 「전묘법륜품」을 보면 그 내용이 기록되어 있다.

처음에는 고행을 그만두며 깨달은 쾌락과 고통을 버리라는 중도(中道)의 법문을, 이어서는 팔정도를 설하였다.

「수행자들이여, 중도란 무엇인가? 이는 여덟 가지 성스러운 길을 말함이니 곧 바른 눈, 바른 관찰, 바른 말, 바른 행위, 바른 생활, 바른 노력, 바른 집중, 바른 마음의 통일이니라. 이 중도는 모든 것을 바르게 보고 바르게 알 수 있는 통찰력과 직관이므로 지혜를 낳아 범부의 눈을 뜨게 하고 마음의 평화와 진리의 크나큰 체험으로 열반을 성취케 하리라」

이어서 또 붓다는 보리수 아래서 깨달은 사성제를 설하였다.

「수행자들이여, 세상 사람들은 고통에 빠져 있나니〔苦〕, 이 고통

붓다가 깨달은 진리를 처음으로 설한 녹야원 다메크 대탑

은 잘못된 탐욕과 집착 때문에 생기는 것이다〔集〕. 그런 까닭에 눈을 떠서 이 탐욕과 집착의 뿌리를 뽑아버리면 고통을 벗어나 무한 생명의 기쁨을 성취하리니〔滅〕, 그대들이 팔정도를 힘써 행하여 닦으면 누구든지 눈을 뜨고 큰 깨침을 얻을 것이다〔道〕」

이런 이치를 순서대로 관(觀)하여 수행하면 눈뜸이 이루어져 지(智)와 혜(慧)가 생기어 광명을 얻을 것이라는 붓다의 설법이었다. 이로써 다섯 명의 수행자들은 붓다에게 계(誡)와 가르침을 받고 출가하여 수행자가 된 불교 역사상 최초의 승보가 되었다.

이날 설한 진리들은 붓다가 보드가야 보리수 아래서 깨달은 것들이었다. 다만, 진리란 〈말할 수 있는 진리〉와 〈말할 수 없는 진리〉가 있는 법이어서 언설로 드러낼 수 없는 진리는 훗날 영축산에서 염화미소로 전해지게 된다.

붓다를 만나 붓다의 육성을 듣고 깨달아 아라한이 된 그들이 부럽다. 나그네는 다메크 탑 그늘에 앉아 서늘한 바람을 느낀다. 붓다의 전언처럼 의식을 맑게 깨우는 소소한 바람결이다. 만개한 칸나꽃이 눈부시게 노랗다. 사실 붓다의 진리는 그처럼 숨김없이 드러나 있다. 나그네가 보지 못하고 있을 뿐이다.

붓다는 결코 역사의 저편으로 사라진 분이 아니다. 눈을 뜬 이라면 누구라도 언제라도 만날 수 있는 법신이다. 이 대탑이야말로 다메크란 어원처럼 붓다를 관하는 자리가 아닐까 싶다.

나그네는 일어나 녹야원 가장 자리를 걸어본다. 사슴들이 맑은 눈으로 나그네를 쳐다본다. 그래, 사슴이 있는 뜰이라 하여 녹야원이라 했겠지. 어제 사르나트 박물관에서 붓다의 초전법륜상을 보았을 때 거기 조각에도 사슴이 새겨져 있었지. 붓다가 살아 있을 때나 지금이나 동산을 지키고 있는 것은 눈망울이 선한 사슴들이다.

나그네는 걸음을 멈춘다. 네팔의 카트만두에서 찾던 수행자인가? 다메크 대탑을 향해 낯선 수행자가 가부좌를 틀고 있다. 석양을 받는 모습이어서 수행자의 등은 벌써 어둡다. 동학사 비구니 스님에게 『반야심경』을 산스크리트어로 염불 공양했다는 그 수행자인 것도 같다. 동학사 비구니 스님은 20여 년 전 사랑하는 여인과 깊은 산중의 절로 도망쳐온 그의 주례를 서준 인연으로 보드가야 대탑에서 그의 염불을 듣고 묵은 업장이 녹아 씻어졌다고 했지.

그가 굳이 한국에 있는 절로 출가하지 않고, 인도를 떠돌며 수행하는 이유는 무엇일까? 나그네는 나란다 대학에서 떠올린 나로빠의 파격을 다시 생각하지 않을 수 없다. 나로빠는 학장이란 명예를 헌신짝 버리듯 했다. 나로빠는 방랑자가 되어 스승을 찾아 인도 전역을 돌아다녔다.

그렇다. 붓다의 진리는 결코 절이나 상아탑에 갇혀 있는 관념적인 것이 아니라, 삶을 변화시키고 성장시키고 깊어지게 하는, 물고기처럼 펄떡이고 살아 숨쉬는 것이리라. 그 수행자는 그런 붓다의 진리에 굶주려 인도와 히말라야 산자락을 떠돌고 있으리라. 붓다를 만나고 붓다를 닮고 붓다가 되기 위해서.

나그네가 인도를 두 번이나 온 것도 가만히 회상해 보니 2천5백년 전의 붓다를 통해서 자신 속에 숨은 붓다를 만나 그를 닮고 싶은 소망에서였다. 자신 속에 숨은 붓다야말로 어느 선사의 말씀처럼 〈본래의 나〉인 것이다. 나그네의 붓다 기행은 〈본래의 나〉를 찾는 순례라고 고백하지 않을 수 없다.

나를 찾는
붓다 기행

1판 1쇄 펴냄 2002년 5월 15일
1판 2쇄 펴냄 2002년 5월 25일

지은이 정찬주
펴낸이 박맹호
펴낸곳 (주) 민음사

출판등록 1966. 5. 19. 제16-490호
서울 강남구 신사동 506번지 강남출판문화센터 5층 (우)135-887
대표전화515-2000 팩시밀리 515-2007

www.minumsa.com

ⓒ정찬주, 2002. Printed in Seoul, Korea.
ISBN 89-374-2495-9   03810